空海入門

加藤精一

角川文庫
17378

序

空海の幼名は真魚《まお》という。讃岐国《さぬき》（香川県）の善通寺市あたりの佐伯《さえき》家の三男として誕生したから、佐伯真魚が本名である。しかし二十二歳の頃に出家をして、空海という法名（僧侶としての名）になった。弘法大師というのは功績のあった僧侶に天皇から与えられた諡号《しごう》（おくり名）で、空海の場合は入定《にゆうじよう》後八十七年目の延喜二十一年（九二一）醍醐《だいご》天皇から贈られた。ちなみに、弘法大師の場合だけは、入寂とか入滅という語は用いず、現在もなお高野山の奥ノ院におられると考えているので、真言宗では特にご入定という語を用いる。後世の弟子たちがこれを宗教的真実と受け取っている、として理解していただきたい。

真言宗では弘法大師を生身《しようじん》の仏《ほとけ》として信仰の対象としており、西新井大師とか川崎大師のように、弘法大師が本尊として拝まれるお寺も多い。一般にも南無《なむ》大師遍照金剛《だいしへんじようこんごう》と唱えて礼拝される。弘法大師信仰は、わが国でもかなり広く行きわたっている。それはそれで結構である。真言宗の祖としての弘法大師はそうあるのが当然であろう。

しかし、本書で紹介したいのは、歴史上の人物としての空海の生涯と思想である。あえて言えば、大師信仰とは違う人間空海へのアプローチを試みたい。空海自身は真言僧としての生涯を送ったが、その多面的な活躍と文化史上に与えた影響を、とうてい無視することはできない。筆者は、本書をこうした客観的な視点で書き貫いていきたい。読者各位のそれぞれの思いのあることは承知しながら、あえて、高校生諸君にも読んでもらえるような作品にしたいと努力したつもりである。本文中のわかりやすさを考慮し、思想や著作について重複して述べている箇所も多々ある。

本書をご一読されて、あんなに古い時代に、こんなに今日的な視野をもった人物が、これほどのびのびと生きていたのか、という感慨をもっていただければ幸いである。

資料としては、従って、すべて空海自身の書いたもの、およびその同時代の信ずるに足るものだけを用いている。宗教的な偉人であるために、弘法大師にまつわる伝説は無数に存在する。他の歴史上の人物と比較できないほど多い。しかしいま筆者は、あえて伝説の類は一切省略した。史実にもとづいた資料だけでも、空海の生涯はまことにドラマティックだ。

政治も、経済も、社会全体も、なにか落ち着かず、人間らしい思いが薄れそうな時代に、人間の原点を追求し続けた空海の生涯とその思想に触れて、人間の心を回復させる参考にしていただければ、これに過ぐる喜びはない。

空海入門　目次

序……3
第一章　空海の生涯
一　青年期と入唐……14
誕生から大学入学……14
大学中退と苦悩……16
空海を取りまく時代の状況……18
『三教指帰』執筆の動機……21
『三教指帰』の目的……26
『三教指帰』の内容……28
『大日経』に出会う……33
留学生として入唐、長安滞在そして帰国……35

二　思想の形成期——四十代——……41
「中寿感興の詩」に思いをこめる……41
最澄との交流……44
空海と最澄、それぞれの道……49
高野山の開創……52
三　円熟期における社会活動……57
讃岐国万濃池の修築……57
新しい文化の第一人者となる……59
綜藝種智院の創設……60
『秘密曼荼羅十住心論』と『秘蔵宝鑰』の制作……63
隠棲と入定……64

第二章　著作と思想

一　著作の全容……72
二　『秘蔵宝鑰』について……81
はじめに……81
十住心思想の概要……83
『秘蔵宝鑰』中巻の十四問答……88
三　大乗仏教から密教へ……97
顕教と密教……97
即身成仏思想……102

大乗仏教から密教へ……116

第三章　空海と現代

一　空海の生き方――引きずられない人――……124

二　空海思想の今日的意義……132

はじめに……132

心の自由……135

共生の理念……138

仏の探究は人間の探究……142

『理趣経』の人間観……144

祖先を敬い神仏を尊ぶ――日本人の美風の維持――……152

三　空海の宗教観――人生と宗教と――……158
四　空海と芸術……165
文章論について……165
書道について……170
五　空海の生死観――死をいかに見つめ、どう対処するか――……181
はじめに……181
『死を見つめる心』……183
『三教指帰』の「生死海の賦」……186
『秘蔵宝鑰』の序文……189

むすびにかえて……195
文庫版あとがき……197
空海略年譜……199
空海入唐略図……205
主要参考文献……206

第一章　空海の生涯

一　青年期と入唐

誕生から大学入学

空海は宝亀五年（七七四）、現在の香川県善通寺市の豪族であった佐伯家の三男として誕生した。しかし兄二人が幼時に亡くなったために、三男でありながら佐伯家の後継者として育てられた。幼名を真魚《まお》という。佐伯家の祖先は大伴《おおとも》家につらなり国の守りを司《つかさど》る家系であり、真魚も、ゆくゆくは立派な武人として国の安泰のために働《はたら》くことを期待されていたと考えられる。母は阿刀《あと》氏の出で、母方の舅《おじ》にあたる阿刀大足《あとのおおたり》は伊予親王の文学（文章などを教えた教授、官名）をつとめた儒学者であり、代々著名な学者が出ている家系であった。武人の家系と学者の家系を継承し、周囲の人々の影響を受けながら、真魚は静かでおだやかな四国の自然の中で成長していった。

真魚は幼い頃からすでに漢学を学んでいた。十五歳で上京してからも外舅《ははかたのおじ》の阿刀大足について熱心に漢籍を学んだ。空海が後年に著した文章論についての大著『文鏡《ぶんきょう》秘府論」に、「貧道（私は）幼にして表舅（母方の伯父）に就いて頗る藻麗（文章）を学びき」といい、『三教指帰《さんごうしいき》』には、「余《よ》（私は）年《とし》志学《しいがく》（十五歳）にして外氏阿二千石文学の舅《きゅう》に就いて伏応《ふくよう》し鑚仰《さんごう》す」とある。

当時、都は平城京から長岡京に移っていた。七八四年からの十年間、平安遷都までの長岡京は、近年の発掘によって、その規模の極めて大きかったことが証明されているところから推測しても、大学などの主な建物はすべて長岡京に移されていたと考えられる。*真魚は十八歳になって大学に入学する。大学での彼の勉強ぶりはまことにはげしいものであった。『三教指帰』には次のように記されている。

「十八歳で大学に入りましたが、中国に昔から伝えられている、家が貧しくて油が買えないために雪の光や蛍の光で勉強したという故事や、梁《はり》から縄を下げてそれに首をかけたり、錐《きり》で自分の股《もも》を刺したりしてねむけをさまして勉強した、という故事に伝えられている人々すら怠けていると思われるほど努力して勉強しました」と。

当時の大学は、都に一校あるのみで、身分制度の厳《きび》しい時代、家長の身分が従五位以上という子弟でなければ入学を許されない官吏養成の最高機関だった。学問の内容は古典の暗記を重視し（これを訓詁《くんこ》という）、教育方針は儒教を中心とし、家の名を揚《あ》げ、位を高くし、富をめざす傾向が強かったのである。こうした教育に、真魚は満足できず苦しむことになる。

大学中退と苦悩

人生の真の理想を探究しようとする若者にとって、当時の大学教育は、単に俗世間を生きていくための手だてとしかうつらなかった。

真魚は、身体が悪いわけでもなく、教育内容に満足せず、自由な思索、自由な学問を求めるという目的で大学を中退する。このことは当時の常識では考えられないことであった。無事に卒業しさえすれば、高位高官につけることは目に見えている。それを棄ててあてどのない仏道修行の道に入ろうというのである。親戚や友人たちの反対はかなりはげしかった。彼らの常識からすれば、大学を中退することは、朝廷の期待を裏切ることであり、親の希望をもふみにじることであった。空海は、大不忠者、大不孝者のレッテルをはられてしまったが、この頃までに習得した漢学の素養や、儒教の知識は、のちの空海の生涯にとって決して無駄ではなかった。それらは、空海の思想の中で、その体系の組み立ての一部として生かされることになり、すぐれた文章力は、空海の生涯を通じて役に立つことになるのである。

空海は、ある資料から推定すると二十二歳の頃にある僧侶を師として出家している。空海自身にとってみれば、これは正式な出家のつもりであった。しかし、当時、正式な僧侶になるためには、都《みやこ》の近辺では、東大寺の戒壇院《かいだんいん》において、受戒《じゅかい》（戒律を授けられる儀式）を受けなければならないのであって、空海のように勝手に師を定めて得度《とく》し受戒しても、それは私度僧《しどそう》といって、国家の承認を受けたことにはならなかった。

『三教指帰』の序文によれば、熱心に仏道修行をはじめた空海はこの頃、一人の沙門《しゃもん》（僧侶のこと）から「虚空蔵求聞持法《こくうぞうぐもんじほう》」という修法を教えられ、虚空蔵菩薩の真言を百万遍となえれば、仏教の一切の経文を暗記できるようになるといわれ、真剣に実行し、あるいは阿波《あわ》（徳島県）の大滝嶽《だいりようだけ》や、土佐（高知県）の室戸岬《むろとみさき》で修行している。なつかしい四国の山々を歩き、眼前にひろがる太平洋をみつめながら、思索と修行をつづけたのだろう。

厳しい修行の間にも、空海の心の中には、同時に、強い反省と苦悩が渦巻いていたに違いない。佐伯家の後継者として大切に育てられ、いずれは家名を興《おこ》し、立身出世してくれるものと期待されていた自分が、その一切を裏切るかたちで大学を中退し、あまつさえ、忠孝の教育を受けてきた身でありながら、結果としては朝廷に対する不忠者とまでいわれてしまっている。けれども、自分が本当の不忠不孝者になったとは、どうしても思えなかった。仏道に入って人間の真の理想を追求しようとすることが、なぜ不忠になり不孝になるのであろうか。高い立場から見れば自分の行動こそ本当の忠孝になるはずである。

青年空海の心に去来するこうした反省と苦悩と決断を二十四歳の十二月、戯曲の形で著したのが『三教指帰《さんごうしいき》』である。この作品の内容については次節に廻す。

空海を取りまく時代の状況

ここではまず空海が生きた奈良時代末から平安時代初期のわが国の思想界・宗教界の事情について述べておきたい。

奈良時代は、お隣の中国では隋から唐の最盛期にかかる時代で、インドや西域との交通も開かれ、東洋の文化が西欧と交流した時代である。特に思想・宗教の面では、中国古来の儒教や道教に加えて、西暦紀元前後から中国に伝来した仏教が、学問的な研究の時代を経て、宗派に発展していった。法相《ほっそう》宗・三論宗・天台宗・華厳《けごん》宗など大乗仏教の各宗が並び立ち、キリスト教（景教《けいきょう》）やゾロアスター教（祆教《けんきょう》）も伝えられ、東洋史の上でも輝かしい発達をとげた時代である。

こうした中国の高い文化を直輸入して、上代におけるもっとも華やかな時代が形成された。奈良の都といえば必ず挙げられる万葉の歌、

青丹《あおに》よし奈良の都は咲く花の匂うがごとくいま盛《さかり》なり
み民《たみ》われ生きるしるしあり天地《あめつち》の栄ゆる時にあえらく思えば

これらの歌に接する時、千二百年を隔てた私たちの心も華やいだ気分になる。特に思想・宗教について言えば、ちょうど中国の状態と同じように、儒教あり道教あり、仏教としては、いわゆる南都六宗があり、各宗の大寺院が建立《こんりゅう》された。さらに全国に国分寺・国分尼寺が建てられた。それらを統合する総国分寺として東大寺が建てられ、大仏が鋳造され、奈良文化を強くいろどっていた。しかしその裏では次第に社会・経済上の行きづまりが出てきた。氏族間の争いや、一部僧侶の政治力の増大・堕落《だらく》があり、さらには宗派の争いも多くなってきた。思想的混乱と価値観の多様化が目にあまるようになり、識者の間には、これらの対立と多様化をなんとか統一の方向にもっていけないのか、という願望も生まれてきた。

つまり奈良時代末期には、思想の統一を求める方向が人々の心の中に芽生えてきた

といえる。

桓武《かんむ》天皇は、こうした情勢を打開するために政治、社会、文化の刷新《さっしん》をはかり、都を長岡京に移し、十年を経てさらに平安遷都を断行した。このいわば激動の時代に青年期を過し、思想界の混乱と、統一への要求を身をもって解決しようと努力したのが空海と最澄であった。

最澄（伝教大師）は、『妙法蓮華経』を中心として思想の統一を考えた隋時代の智《ち》顗《ぎ》（天台大師）の天台宗を導入して、さらに密教をも加え、これをもって日本の思想統合に生かそうとした。一方で空海は、密教によって思想の統合をめざし、『大日経』と『金剛頂経』を基礎にして日本的展開を考えた。この二人に共通することは、それぞれ密教を扱っていることであるが、その理解の仕方、価値の置きかたが異なるのである。詳しくはのちに触れよう。そして結果的にみると、その後のわが国の宗教・思想界は、密教の影響を強く受けて、次の鎌倉時代につらなっていくのである。

このように、空海の出世した時代は、インド・中国の思想を大量にとり入れた後で、これらの統一をはかるために、新しい自覚が起こりつつあった時期にあたり、しかもそれから約三百年間、平安時代という、ほぼ泰平な時代が続いたことで、空海の思想体系は、わが国の文化や思想に深くきざみつけられることになった。

『三教指帰』執筆の動機

空海の誕生は宝亀五年（七七四）である。桓武天皇による平安遷都の年（七九四）に、空海は数え二十一歳になっていた。青春のまっただ中に、社会の大変動と識者たちのかかえていた課題、にぶち当った空海が、これを自身の課題に置き変えて考えないはずはない。この時局を生きぬくには、まさに自由な学問と思索が必要である。心ゆくまで学びたいものを自由に学び、何のとらわれもなしに自由に思索する。そこにこそ新しい時代の新しい道がひらけるのである。そうした心づもりをしながら、高い理想を追っていた空海にとって、当時の大学の授業と教育内容は、理想とはほど遠いものであった。だから大学を断念して仏道修行と研究をめざしたのである。しかしこのことが、親戚や友人たちからは不忠不孝と非難されてしまった。

ここで空海は大きな苦悩におち込むのである。両親は、すでにかなりの歳で兄二人が続けて死去したあとでもあり、親戚や知人も佐伯家の後継者として空海に大いに期待していた。またこの頃、一族の佐伯今毛人《いまけみし》が藤原種継の暗殺にかかわったとするかどで失脚したことなど、不運があいついで起きている。家名を挽回することも大切である。それらをすべて振り切って、あてどのない求道《ぐどう》の旅に出ようというのである。

『三教指帰』は空海の行動に対して、次のように述べている。

天地の間にあってもっとも優れたものは人間であり、その人間のもっとも優れた行ないは孝と忠である。であるから、このいずれが欠けても人間として許されない。また、人間の一生の喜びは結局、一家の富と出世であり、百年の心の友といっても、自分の妻子とは比べものにならない。(中略)今のお前には両親もあり主君も世を治めておられる。それなのに、どうして孝養を尽くさず官にも仕えないのか。徒《いたず》らに自由人の仲間に入って暮らし、国の賦役《ふえき》を逃げ免《まぬが》れる徒輩《やから》にまじって空しく時を過している。この恥ずべき行為によってお前は先人の名をはずかしめており、見苦しい汚名《おめい》を残しているのだ。これはまさに極刑に処せられるべき行為であり、君子たるもののもっとも恥とすべきものである。それなのにお前はあえてこれを行なっている。親戚のものたちは地にもぐりたいほど恥ずかしく、一般の人だって目を掩《おお》っているではないか。どうか早く心をあらためて、急いで忠孝の道につきなさい。

この強い叱責《しっせき》に対して空海は次のような思いを述べる。

親を安んじ、主君を輔《たす》けることの大切さはよくわかっているつもりです。このことは一瞬たりとも忘れないばかりか、いつも胸の内が張り裂けるばかりなのです。（中略）私がいつも心配しているのは、父母に孝行できないうちに両親が世を去ってしまわないか、ということです。年老いた両親は髪の白さを増して冥土に近づいています。月日は矢のように父母の残り短い寿《いのち》に迫っている上に、一家の財産は乏《とぼ》しくかきねも家も傾きかけているのです。その上、二人の兄が次々に亡くなってしまいました。佐伯家の親戚はいずれも生活が楽ではなく、みな涙する思いで暮らしています。ああ何と悲しいことか。進んで仕官しようと思えば無能な自分を用いてくれる人はいませんし、さりとて退いてやめてしまえば私の禄を待っている両親がいるのです。進むにも退くにも途《みち》は谷《きわ》まっており、うろたえあわてるだけなのです。

こうした苦悩を乗り超えて、空海は一つの決断をくだす。つまり、真実を求める修行の生活は決して忠孝の道に背《そむ》かない、というのである。『三教指帰』の序文に言う。

私はこう思います、およそ、ものの情《こころ》は一つに固定してはいないのです。鳥は空を飛び、魚は淵《ふち》にもぐるように、人もそれぞれ性質が違うのです。ですから、人を導く場合でも教えの網《あみ》は三種類あるのです。釈尊《しゃくそん》の教え、老子《ろうし》の教え、孔子《こうし》の教えの三種です。教えに浅い深いの差はありますが、いずれも聖人《せいじん》が説かれたものです。ですから、もしこの内の一つに入っているならば、人の道にはずれてはいないはずです。仏《ほとけ》の道に入ることがどうして忠孝にそむくことになるのでしょうか。

つまり、忠孝の道を狭く理解しているのは真実の忠孝とはいえない。真実の道としての忠孝は、人生のあらゆる真実を含む広々とした大道でなくてはならないと説く。

『礼記《らいき》』という書物の中に、〝小孝は力を用《もち》い、大孝は匱《とぼ》しからず〟とあります。——小さな孝行とは親から受けた慈愛を思いおこして父母に尽くすこと、大孝とは広く徳を施して人々のために備えること、ここでは、広く人々の幸福のために尽くす大孝の道があることを示す——。

泰伯《たいはく》という人は、弟に王位を譲るために、身に入墨《いれずみ》し、髪を剃《そ》って異境の習俗に従ってその地に入り込んでしまい、薩埵《さった》王子は飢えた虎の親子を救うために自ら虎の餌食になってしまいました。これらの行為はその両親たちに地に倒れるほどの悲しみを与え、親族たちに天に向かって泣き叫ぶほどの嘆きを与えました。この二人ほど大きな不孝を犯した人はないといえましょう。ところが孔子は泰伯を評して―至徳の人―と呼び、薩埵王子はのちに―大覚の尊、仏陀―として仰がれているのです。(中略)

こう考えてみると、その道にかなっていさえすれば、目前の小事にこだわる必要はないと思います。仏教において、目蓮尊者《もくれん》が餓鬼道《がきどう》におちた亡き母の苦しみを救済した話や、那舎《なしゃ》長者が地獄に堕《お》ちた父母を助けた話などは仏道に入ることが決して不孝どころか大きな孝の道であることを教えているではありませんか。

空海の決断によれば、大学を中退して仏道を歩むことは、大忠大孝の道であり、決して人の道に外《はず》れていない、というのである。そして二十四歳の十二月一日付で執筆した『三教指帰』の目的は、青年時代の苦悩をどう乗り切って自分の道を決定したかを示す、出家の宣言書であるということ、そしてそのいきさつを、戯曲の形で構成して、当時の教えを代表する仏教、道教、儒教の帰着するところを示したものである。

『三教指帰』の目的

『三教指帰《さんごうしいき》』は初めは『聾瞽指帰《ろうこしき》』と名づけられた一巻の書物であった。これの序文を書き変え、本文の字句を修正し、三巻に分けたのが『三教指帰』である。しかしこの両書の論旨には何らの変更もない。『聾瞽指帰』は、空海の自筆といわれる本が高野山に伝えられており、著作の日付はいずれも延暦十六年（七九七）十二月一日である。歴史的な記録としては『三教指帰』の名があるだけで、『聾瞽指帰』については一切見られない。このことから、推定されることは、空海はまず『聾瞽指帰』を書き、三十一歳で入唐する際に中国にまで持っていき、唐の文人たちの意見を聞いて、序文と字句の修正をし、帰国後『三教指帰』と題を変え、日付はそのままにして世に問うた、と思われる。

制作の動機について、内面的な問題はすでに触れたが、『三教指帰』の序文には、二つの理由があげてある。第一には大学を中退する空海に対して反対する人々への主張であり、第二には、空海に一人の表甥《ひょうせい》（父方の甥《おい》）があり、素行《そこう》が悪いので彼に人間の生き方を教えるためである、という。しかし実際には素行の悪い甥の存在は不明であり、これも恐らく本能のままに快楽を求めている当時の青年層に対する空海の一般的な不同意を示したものと考えられる。

しかし、さらに深く考えれば、本書執筆の目的は、中国大陸から輸入されたさまざまな思想や宗教の、本当の帰着点がどこにあるのかを究めるためで、この問題は当時のわが国共通の課題として、その後の空海が生涯持ち続け、究め続けていたものなのである。つまり、空海の処女作であり、思想の出発点である『三教指帰』と、五十七歳の著作で、思想の帰着点である『秘蔵宝鑰《ひぞうほうやく》』に一貫して流れているテーマである。

まずこの書がなにゆえに「さんごうしいき」と呼ばれているかは定かでない。一説には、同時代の最澄が『山家学生式《さんげがくしょうしき》』という著作を制作し、これが『山家式《さんげしき》』と呼ばれているために、三教指帰《さんぎょうしき》と読むと混同する恐れがあるからだ、といわれる。

いずれにせよ、本書は空海の青年時代を知る唯一の資料であり、空海の努力が結集されたまことに豊富な内容を持っている。

ちなみに空海は、文章を作るのがきわめて速かったという。長年空海に事《つか》えていた真済《しんぜい》という弟子が、空海の詩文などを集めて編纂した『遍照発揮性霊集《へんじょうほっきしょうりょうしゅう》』（『性霊集』と略称する）の序文に、師の文章の書きかたについて「手に随って章を為《な》し」、「遇う所にして作《な》し、草按を仮らず（たちどころに書いて、下書きなどしない）」と述べており、『続日本後紀《しょくにほんこうき》』には、「筆を下せば文を成《な》す。世に伝う『三教論《さんごうろん》』――『三教指帰』をさす――は是れ信宿《しんしゅく》の間《かん》（信は三日、宿は二日、すなわち二〜三日の間）に撰《せん》する所なり」と記されている。底知れぬ思考力と精神力を持っていた空海の青年時代のことであるから実際に数日で書きあげたかも知れない。

『三教指帰』によって私たちは、空海がすでに中国の思想や文学に強い関心を持ち、多くの書物を読み、特に儒教、道教の本質をとらえ、さらに仏教の本質をとらえようとしていたことがわかる。この時点では空海は大乗仏教を基本に考えていたのであって、まだ密教には触れていない、と考えるべきである。ただし、文中に、空海が一人の沙門《しゃもん》（僧侶）から「求聞持法《ぐもんじほう》」を教授されたことや、主人公の仮名乞児《かめいこつじ》という青年僧が、水を呪《じゅ》して云々という部分は、当時すでにわが国にもそういう密教的なものが伝えられていたことを示している。しかしこれはのちに中国から空海が伝えた密教とはやや趣《おもむき》が違うものと考えてよい。

『三教指帰』の内容

本書の内容は、当時のすべての教えを代表する儒教、道教、仏教の帰着するところをさし示したものであり、だれにでもわかりやすいように次のような一つの劇として構成されている。

蛭牙《しつが》公子《こうし》という青年がいる。本能のままに生活を楽しみ、周《まわ》りのものになんら配慮しない。伯父の兎《と》角公《かくこう》は、蛭牙の将来を心配し、ある休日に自宅で宴席を用意して、儒者の亀毛《きもう》先生を招き、蛭牙に正しい道を説くことを依頼する。亀毛先生の熱弁を聞いて蛭牙は納得しようとする。すると偶然そこに居合わせた道教の虚亡《きょぶ》隠士《いんじ》が、亀毛の話をあざ笑って道教のすぐれていることを述べる。虚亡が道教の説く天上の快楽を述べると亀毛、兎角、蛭牙の三名は、その説明に感心する。しかしこの時、門のかたわらに立って聞いていたのが乞食《こつじき》僧仮名《かめい》乞児《こつじ》であった。歳は二十四、身なりはきたなく、皆があきれるほどであったが、志はきわめて高かった。彼は一同の席へ招かれ、仏教の大略を示し、人生の無常なることと、迷えるこの現世の生死海《しょうじかい》について述べ、真の理想を明かすのは仏道であると述べる。一同はこれに納得し一緒に仏道を修行することを約束する。そこで仮名は一同のために十韻《いん》の詩を読み、三教の帰着するところを明らかにして幕がおりる。

次に本書にしたがって、登場人物の主張するところを、もう少し詳しく述べてみよう。というのは、ここで主張される価値観や人生観は、すべて、のちの十住心思想（人間の心のあり方を十種に大別する考え）において生かされるのであり、これを理解することが空海思想の原点だからである。

まず蛭牙公子の生活であるが、一切の教育を嫌って、自由に生活を楽しみたいという人生観をもっている。本能のおもむくままに食欲と性欲を満たし、少しの徳性ももたない。

次に儒者の亀毛先生。彼の主張はこうだ。およそ世の中には賢人や智人は少なく、善を行なう人はまれである。しかし玉はみがけば光を顕わすように、人も学問を積むことによって才能が身についてくる。この故に、人間は、「日に一日《いちじつ》を慎《つつし》み、時に一時を競《きそ》い」争って勉学につとめるならば、弁舌《べんぜつ》はすぐれ、文才は養われ、身分も上がり、富も増えてくる。そうすれば佳《よ》い妻を持てるし立派な家庭も得られ「もって一期《いちご》の愁《うれい》を消し、百年の楽《たのしみ》を快《こころよ》くせん」と、富貴、栄誉、性愛、友情などによる歓喜にむせかえるこの世の幸せをたたえる。

続く虚亡《きょぶ》隠士《いんじ》は道士である。亀毛の説く、楽しみにあふれたこの世の栄華に対して、道教では、人間の世界を超越した天上のよろこびを主張する。

つまりこの世の感覚的な快楽を避け、慈《いつく》しみの心を養って、すべての生きものを大切にし、富貴などは塵芥《ちりあくた》の如く捨て去り、秘薬を服して五百万年の長寿を生き、まじないを呪して真の心の安らかさを得るのだと説く。地上の幸福のはかなさを知り、神仙を仰ぐ生活を求める。

最後に登場する仮名乞児《かめいこつじ》は乞食《こつじき》の青年僧で、空海自身がモデルになっている。したがって、仮名の主張する仏教は、とりもなおさず空海青年の仏教である。ここでは彼の口から、前に述べた出家のいきさつや、仏道修行は忠孝にそむくことではないということが述べられる。

仮名は言う。「皆さんの議論を聞いているとまったく不毛の議論です。亀毛先生の説も、虚亡隠士の説も、それぞれ時に応じて有用であり間違っているわけではない。それらの教えは、実に、広大無辺な仏教という教えの一部分にすぎないと思われます」と。

それから仮名は、僧侶として修行している自分の生活を述べ、世の無常と、その迷いの世界をどのように乗り切っていくかについて述べる。そして最後に十韻の詩を作って三教（仏教・道教・儒教）の帰着点について次のように結ぶのである。

太陽と月と星がそれぞれ輝いて夜の闇を破るように、三つの教えは人々の心の闇を取りのぞいてくれます。人はそれぞれ、性質も違うし欲望も違うから、心の闇を取りのぞく方法も違うのです。

三綱《さんごう》（君臣、父子、夫婦）、五常《ごじょう》（仁・義・礼・智・信）の道は孔子によって述べられました。この教えを習う者は槐林《だいがく》へ行って学びます。変転を説く道教の教えは老子によって授けられました。これを伝える者は道観（道教の寺院）へ行って学びます。

金仙《ほとけ》の説かれた大乗仏教の教えは、教理《ことわり》も実効性ももっとも深いものです。自分自身も、他人をも兼ねて広く済度してくれます。もちろん獣《けもの》や禽《とり》までも忘れてお りません。春の花はやがて散り、秋の露ははかなく消えていきます。川の流れは住《とど》まることなく、急風《つむじかぜ》は音をたてて消えていきます。

このように六塵《ろくじん》（色《しき》・声《しょう》・香・味・触《そく》・法）の世界はすべて無常であり、人を溺《おぼ》れさせる「迷いの海」であって、常・楽・我・浄という四つの徳性を備えた涅槃《ねはん》の境界こそが、彼岸にそびえる目標の嶺《みね》なのです。

すでに三界《このよ》は真の自由を妨げる束縛であることがよくわかりました。官位の象徴である冠の纓《ひも》や簪《かんざし》をどうして捨て去らないでよいでしょう（捨て去るべきです）。

このように官吏になることを捨てて、世俗を超えた仏道に入る決意を示している。ここでいう、「已《すで》に知《し》んぬ、三界は縛《ばく》なることを。何ぞ纓簪《えいしん》を去てざらん」という一句で『三教指帰』は終わるのである。

『大日経』に出会う

『三教指帰』を著したのち、三十一歳の夏に入唐するまでの約六年間の消息はあきらかではない。しかしその間にも多くの苦悩に遇い、それらをかろうじて乗り越えてようやく入唐することになる。その間の仏教の勉学と模索があったればこそ、その後の活動への道がひらけていくのである。

当時はすでに南都六宗（三論《さんろん》宗・成実《じょうじつ》宗・法相《ほっそう》宗・倶舎《くしゃ》宗・華厳《けごん》宗・律《りつ》宗）があり、これらの優劣は中国において論じられ、倶舎宗などの小乗仏教に比して大乗仏教の優位が一般に認められていた。また、大乗仏教の中でも、法相宗とか三論宗よりも中国で成立した華厳《けごん》宗や天台宗がより真実であることも、おおむね認められていた。空海は血まなこになってこれら各宗の教理を学び理解したが、どれも究極の教えと考えることができなかった。そして苦悩していたある日、『大日経』という密教経典に出会ったのである。そしてはじめて自分の求めているものに出会えた思いがして、全力でその理解につとめた。

『大日経』とは『大毘盧遮那成仏神変加持経《だいびるしゃなじょうぶつしんぺんかじきょう》』という密教経典であり、もっとも洗練された大乗の立場から、インドの諸宗教の一切を統一し包括しようという意図をもっている。しかも一般の仏教は悟りに至る道筋を理論的に説く傾向があるのに対して、密教経典は悟りの境界《きょうがい》を理性によって求めるだけではなく、理性と感性、知情意のすべてによって具体的に味わうことを強調する。この二点は、まさに空海がたえず求めているものであった。

しかし『大日経』の理解は、当時のわが国では困難であった。第一にサンスクリット語も学ばねばならない。図像とか、印契《いんげい》(両手指でさまざまな形をつくり、修法の内容を象徴する)、あるいは法具など、わからないことだらけである。密教の僧侶など一人もいない。どうしても中国に渡るしかない。『三教指帰』を著して以来、自然の中で修行しつつ、仏教を研究し、その途中で出遇った『大日経』理解のために二十年の予定で留学することとなる。

留学生として入唐、長安滞在そして帰国

密教経典を理解するために中国に渡りたいという空海の願いは、延暦二十三年（八〇四）に実現した。遣唐船に留学生《るがくしょう》として乗船し、二十年の予定で入唐するのである。大学を中退して不忠不孝と呼ばれた空海が、なぜ六年後、留学生に選ばれたのか、理由は明らかでないが、よほどの人物の推薦があったのであろう。

ところがいざ乗船する間際になって、正式な僧侶としての手続きをふんでいないことが判明した。二十二歳で師について出家したであろうことはすでに述べたが、それは私度僧《しどそう》といって正式なものではなかった。そして空海は唐に向けて肥前（長崎県）松浦郡田《た》の浦《うら》を出港する一ヶ月前、難波の港を船出するわずか一週間前になって公認の僧侶としての資格を得ている。このようなハプニングも、むしろ、空海という人物が形式的な手続きには無頓着であったことを示すよい材料になると思う。

当時の入唐は難波港から瀬戸内海を経て、小倉からいったんは肥前田の浦に集結し、そこから風の具合を見て中国に渡る。四隻で出港したところ、翌日台風に遇い空海と

遣唐大使（藤原葛野麻呂《かどのまろ》）の乗った第一船は三十四日の漂流ののち、奇蹟的に福州赤岸鎮《せきがんちん》の近くに流れついた。常識的に見れば台風を予測できなかったのかと思うが、その頃の船は帆船であるから、むしろ強い風の吹くのを待っていたのであり、それがあまりに強すぎただけなのである。

この時、四船は同時に出港したが、空海は遣唐大使の乗った第一船に、最澄は副使の乗った第二船に割り当てられ、結果的にはこの二船だけがしかもばらばらに中国にたどりつき、他の二船は沈没してしまった。これが歴史の不思議さとでもいうのであろうか、もし第一船と第二船が無事に着岸していなければ、平安初期以後のわが国の宗教界は、ずいぶん変わっていたに違いない。

さて、中国南端の福州に漂着した遣唐大使一行は、役人に疑われて上陸することができない始末であったが、大使に依頼されて空海が手紙を書き、その手紙を一見した中国側はただちに船の封を解き、慰問の挨拶を述べ、日本国の大使が来唐したという報告を長安に伝えたという。大使にかわって筆をとった空海の力強い筆跡と格調高い文章によって一行へのもてなしが一変した。この手紙をはじめ、中国で書いた手紙で重要なものは空海自ら、のちの帰国報告のためであろう、コピーしており、現在まで『性霊集《しょうりょうしゅう》』に残されている。

ふり返って見れば、延暦二十三年（八〇四）七月六日に田の浦を出港し、三十四日の漂流、上陸の時のトラブルから疑いが晴れ、さらに長安からの許可が降りるまで三十九日かかり、そこから夜に日をついで旅してようやく長安城の長楽駅に到着したのは十二月二十一日であるから、田の浦を出てから五ヶ月を費やしている。しかし徳宗皇帝は重病で翌年一月二十三日に崩御《ほうぎょ》し、二十八日には皇太子が即位して順宗皇帝となった。空海の長安訪問は、まさに大変な時にあたってしまった。二月十一日、遣唐大使一行は長安に別れを告げて、帰国の途についたが、空海は留学生《るがくしょう》の立場から、その時まで大使を手伝い、通訳などの仕事をしていた。

大使の帰国を見送ってから、空海はようやく自由の身となり、四ヶ月ほど、世界最大の文化都市であった長安をまわり、諸寺をめぐって文物を観察し、多くの僧侶や学者に出遇ったことであろう。しかし空海の目的は当時長安にあって密教を伝えていた青龍寺の恵果《けいか》に教えを受けることであった。

六月十三日、ようやく空海の目的が果たせる機会がきた。空海が日本に帰国した時に朝廷に提出した報告書を『御請来目録《ごしょうらいもくろく》』と呼んでいるが、その文から要点を述べれば、この日空海は五、六人の勉強仲間と一緒に恵果を訪問した。和尚はたちまちに見て咲《わら》いを含み歓喜し告げていわれた。「私は汝の来ることを前から知っており、ずっと待っていたのだよ。今日会うことができてよかった。私の命もあとわずかだが、法を伝える人が少ないのだ。おまえにすぐに法を伝えよう」と言ってくれた。そして六月、七月、八月と毎月一度ずつ大法を授ける儀式を行ない、その上曼荼羅《まんだら》などの掛軸を十幅も絵師に画かせ、朝廷直属の鋳博士《いもの》に密教の法具十五種類を新しく鋳造させて空海に持たせてくれた。

すでに触れたように、空海の入唐の目的は『大日経』理解のためであった。しかし、入唐して恵果に会い話を聞いてみると、密教には、『大日経』の系統のほかに、もう一つ『金剛頂経《こんごうちょうぎょう》』という経典の系統があって、これも重要であることがはじめてわかった。そこで恵果の指示に従って、当時まだ日本に来ていない新訳の経で、不空という伝訳者が漢訳した『金剛頂経』系統の経典を、写経生たちの手もかりて書写し、持ち帰った。これらの写経は、『三十帖策子《さんじっちょうさっし》』といい京都の仁和寺に保管され、国宝に指定されている。もちろんこのほかに持ち帰った曼荼羅や法具も、第一級の国宝で、多くは東寺《とうじ》（教王護国寺）に保管されている。

こうして恵果の助けにより期せずして密教の正統な弟子となった空海は、その後も教えを受けていたが、ちょうど六ヶ月目に恵果の体調が急変する。空海に、早く日本に帰って密教を広め人々を救済し、国家を安泰に導くよう遺言して、恵果は延暦二十四年（八〇五）十二月十五日入滅した。

空海が法を授かり、学ぶべきものをすべて学び終えると同時に、大恩を受けた師がこの世を去ってしまった。これはまことに不思議なめぐり合わせといえる。空海は名もない東海の一青年にすぎない。ただ密教を求めて長安に来ただけである。ちょうどその時に、大唐皇帝の国師であり密教の正しい相承者である恵果が法を授ける人を探していた。その人が空海を見込んで弟子に加え、すべてを惜しみなく授け終わるや、入滅してしまった。空海もこの師との出会いを深い意味合いで受けとめ、生涯を通じての思い出としている。恵果の入滅後、碑文を書きその文中に、「来《きた》ること我が力にあらず、帰《かえ》らんこと我が志《こころざし》にあらず、我を招くに鉤《かぎ》をもってし、我を引くに索《つな》をもってす……」と記した。入唐、出会い、別れ、帰国の一切が恵果和尚の指導のままであり、師のお蔭であることを述べている。

恵果和尚の葬儀を終え翌年一月十七日に埋葬した後、師の遺言にしたがって空海は帰国することになる。そもそも留学生の定めは二十年の滞在で、勝手に短縮すれば大罪になる。しかし、仏道に入ったものにとって師の遺命は守らねばならぬ。空海は思案し苦慮した上で、ちょうどその時日本からやって来た高階真人《たかしなのまひと》に頼み、共に帰国したい旨を申し出て、唐の朝廷の許しを得て帰国の途についた。案の上日本の朝廷にはこの事情は理解されず、帰国後四年間つまり平城《へいぜい》天皇の在位中、空海は大宰府（福岡県太宰府市）の観世音寺にとどまったまま、都に入ることを許されなかった。

密教の正統な相承者としてさまざまな密教経典と法具をそろえ、胸をふくらませて帰国したはずが、朝廷の扱いは冷《つめ》たいものであった。空海の内心の思いはいかばかりであったろう。あせる心を押さえ、大宰府に留まっていたに違いない。

桓武天皇の第一皇子は平城天皇であり、空海は桓武天皇崩御（八〇六年）直後に帰国したことになる。そして大同四年（八〇九）、平城天皇が病身のため第二皇子嵯峨天皇に譲位するまで、空海に入京の許可はおりなかった。嵯峨天皇が即位して三ヶ月後、空海はようやく京都の高雄《たかお》山寺《さんじ》に入住を許された。この後空海はこの山寺で過すことになり、実慧《じちえ》など二、三の弟子たちに密教を指導しながら将来に備えた。

それから三年経った弘仁三年（八一二）、空海はかぞえ三十九歳を迎えた。この年、最澄は空海に対して密教の授法を依頼する。十一月～十二月の二回にわたって高雄山寺で灌頂《かんじょう》（頭頂に水を灌《そそ》ぎかける儀式）という儀式が催され、多くの人々と共に、最澄もこれを受けたのである。

二　思想の形成期――四十代――

「中寿感興の詩」に思いをこめる

山野は黄ばみ、蒼空《あおぞら》は深く澄みわたり、空海は四十歳の秋を迎えた。今まで努力し続けた半生をふり返り、空海の胸中には感慨ひとしおのものがあった。そこで『中寿感興の詩並びに序』という詩と文章を作った。いまその詩をあげておこう。

黄葉索山野　黄葉山野に索《つ》(尽)く
蒼蒼豈始終　蒼蒼豈《あ》に始終あらんや
嗟余五八歳　嗟《ああ》、余《われ》、五八の歳
長夜念円融　長夜《じょうや》に円融を念《おも》えり
浮雲何処出　浮雲いずれの処《ところ》より出《い》ずる
本是浄虚空　本《もと》これ浄虚空なり

欲談一心趣　一心の趣《おもむき》を談《かた》らんと欲すれば
三曜朗天中　三曜天中に朗《ほが》らかなり

前半では、移り行く秋の景色と変わることのない青空とを対比させて、迷いの闇の中から光明を求めつつ四十歳を迎えたと記し、後半では、自分で体得した清らかな境地を述べている。本来少しもけがれていない浄らかな虚空に、一体どこから迷いの雲が出るのであろうか。しかも青空を仰げば太陽も月も星も、常に輝いていると述べて、われわれの心の中に本来輝いている仏《ほとけ》の光をたたえている。弘仁四年（八一三）のことである。

翌弘仁五年、六年の頃から空海は、自身が中国から受けてきた真言密教を広めるために、かなり具体的な努力を払っている。四年頃まで最澄との交渉はもっとも密接であったが、やがてそれぞれの立場から別々に努力することになるのがこの頃である。空海と最澄については次節で述べる。

当時として真言密教を流布《るふ》するために何がもっとも大切かといえば、まず弟子の養成、次に密教経典や論書を書写してその数を多くすることであった。そして第三に自身の主張する思想体系を組み立て、その著作を著して世に問うことであった。空海は三十三歳で中国から帰国し、これらの作業を続けていたが、特に思想の研究と著作にかなりの時間を割いた。したがって写経などの作業は、知人に依頼しており、各方面に対して紙や筆などの入手について協力を求めている。
思想や著作についてはのちにまとめて述べるが、四十歳頃の空海の様子を知るために次の手紙を紹介しよう。年月や宛名はないが、太宰府以来七年目というところから見て、弘仁五年、空海四十一歳頃のものと推定される。

太宰府でお会いして以来七年たっていますが、なつかしい限りです。風のたよりに、貴方《あなた》はこの頃、京都にお住まいと聞いております。すぐにでもお目にかかりたいのですが、やらねばならぬ仕事がありこの山寺を出ることができません。高雄山寺の台所は食べ物など不足がちですので、できましたら米や油（燈油）を送っていただければと思います。また中国から持ち帰った経典や論書や文書などを、書き写して世の中に広めたいと思っておりますので、紙や筆などもお願いいたします。

また他の一通にも、

秋も深くなり冷《すず》しくなりました。私が中国より持ち帰った経典や論書はかなりの数ですが、その中のいくつかを写して広く人々に読んでもらいたいと思っています。太宰府在住のおりに紙や筆のご協力をお願いしたのですが、まだご返事がないのは残念です。お忙しいので忘れてしまわれたと存じますが、よろしくお願いします。

これらの依頼が実り、「二千帳の紙、四十管の筆、廿廷《にじゅっちょう》の墨《すみ》をお贈りいただき、ありがとう」というお礼の手紙も残っている。これらの手紙から、山寺での物資不足の生活と、その中で精一杯努力している空海の意気込みが知られるのである。

最澄との交流

平安初期の思想界を担うことになる空海と最澄は、同じ船団の第一船と第二船に乗り込み、一方の空海は留学生《るがくしょう》として二十年の予定で中国の文化を輸入するため、一方の最澄は還学生《げんがくしょう》として短期間（一年以内に、遣唐使と共に帰国する）で天台の法門を学ぶため同時に出発した。空海三十一歳、最澄三十八歳であった。すでに述べたように暴風雨に遭《あ》って二人は別々の港に着き、最澄は直接天台山に登り、空海は長安の都に住み、お互いに会うことはなかった。もっとも還学生と留学生では身分がまったく違い、いまで言えば教授と学生ほどの開きがあった。だからこの二人が文通し語り合うのは、二人が帰国してのち、空海が高雄山寺《たかおさんじ》に入ることを許されてからである。

最澄は天台の法門を求めて入唐したが、これについては、桓武天皇の直接の依頼があった。すなわち、平安遷都によって、人心の一新をはかった天皇は、宗教の面でも奈良の仏教とは異なった、新しく清廉な仏教を求めていた。その大願の実現のために白羽の矢を立てたのが最澄というわけだ。天皇は、新しい仏教のリーダーとして最澄にすべてを託した。当時すでに『法華経《ほけきょう》』を学び講じていた最澄にたいし、はじめは弟子二人を入唐させるようにということであったが、出発直前になって、最澄自身が入唐し天台の認可を得てくるよう命じられたという。

最澄は明州から直接天台山に登り、帰国途中で、当時中国で盛んに行なわれていた密教をも学んだが、還学生《げんがくしょう》のために帰国を急がねばならず、密教については十分に究めることができなかった。

一方、あとから帰国した空海は、すでに述べたように、密教の正嫡として、多くの経論や法具を持って帰国し、その報告書（『御請来目録《ごしょうらいもくろく》』）を朝廷に提出し、四年ほどたってようやく高雄山寺に入住することを許された。

ところで、空海が帰国に際して朝廷に提出した目録を、もっとも早く眼にしたのは、すでに帰国していた最澄であった。最澄は空海の持ち帰った経論などの豊富な内容に驚き、ただちにこの請来目録を書き写して自身の参考にしようとした。現在残っているのは、皮肉なことに、その際に最澄が写したものであり、最澄直筆の作品として国宝に指定されている。

また、空海に宛てた最澄の手紙は二十三通残っているが、最初のものは大同四年（八〇九）、空海が高雄に入って間もない頃のものである。その内容は、十二部五十三巻の書物をしばらくお借りしたい、というものであった。これを機として二人の交流は深くなり、弘仁二年（八一一）には、空海に密教の伝授を依頼している。さらに弘仁三年（八一二）の手紙で最澄は、空海が密教の伝授を承諾《しょうだく》したことに感謝し、その中で、真言の教えは天台の教えとあい通ずるものがあり、互いに協力して密教の教えを広めましょうと述べている。

空海としても、中国から受けてきた真言の法門を後継者に伝えていかねばならないし、その数は多い方がよいと考えていた。

この数年の間、最澄はしばしば書物を借り、密教を勉強している。弘仁三年十月二十七日、乙訓寺《おとくにじ》にいる空海を訪ね一泊した際に、十二月十日に密教を伝授しようと約束する。実際には十一月と十二月の二度にわたって授法が行なわれたが、これを高雄《たかお》の灌頂《かんじょう》といい、その時の受者の名を書き並べた空海の直筆は「灌頂歴名《かんじょうれきめい》」として国宝に指定されている。灌頂の儀式は受けたものの、密教の研究は容易ではない。多忙な最澄は比叡山に帰り、主な弟子を数名、高雄の空海にあずけて密教を学ばせることにした。

この頃、空海から最澄に宛てた自筆の手紙が三通残っている。内容はいずれも返書であるが、その中の一通を紹介しよう。この手紙の書き出しが、「風信」という二字ではじまっているところから、書道の方面では「風信帖」と呼ばれて親しまれている。

風信雲書（最澄からの手紙をさす）、天より翔臨《しょうりん》す。これを披《ひら》きこれを閲《えっ》するに雲霧を掲《かか》ぐるがごとし（おっしゃることがよくわかりました）。兼ねて止観の妙門（天台宗の書物）を恵まる。頂戴供養す、厝《お》く所を知らず（大変嬉しい）。已《すで》に冷《ひや》やかなり、伏《ふ》して惟《おも》みれば法体《ほったい》いかがなりや。空海、常に命《めい》に随《したが》って、かの嶺《みね》（比叡山）に臍攀《せいはん》せんと擬《こら》すといえども、限るに少願をもってし、東西することあたわず。今おもわく、われと金蘭《きんらん》（最澄師）と及び室山《しつざん》（室生寺《むろうじ》の住職、当時は堅慧《けんね》か）と一処に集会《しゅうえ》して、仏法の大事因縁を商量し、共に法幢《ほうとう》を建てて仏の恩徳に報いんことを。望むらくは煩労《はんろう》を憚《はばか》らずして暫《しばら》くこの院（高雄山寺）に降赴《ごうふ》せよ。これ望む所なり望む所なり。匆匆不具。

九月十一日　釈空海　状上

東嶺金蘭　法前　謹空

この手紙の意味は、はじめに最澄の便りと贈物に感謝し、自分はある少願をおこして山を出ることはできないけれども、私と貴方《あなた》と室生寺の三人で会合して仏教の将来を考え、仏の恩徳に報いようではないか、というものである。この短い便りの文にも、当時の意気投合した二人の心と、空海の大きなこころざしが読みとれると思う。

こうした親交は数年続き、弘仁四年九月一日付で最澄は、『依憑天台集《えひょうてんだいしゅう》』一巻を著した。この内容は、各宗が天台の教学について論難をしかけてくるけれども、いずれも天台の教学の物まねであって、天台を根拠にしているではないか、といい、各宗の祖師をやり玉にあげ、最後に一行《いちぎょう》、不空《ふくう》という二人の密教の師をも追及しているのである。この書は当然のことながらあずかっている最澄の高弟たちを通じて高雄の空海の目に触れる。そして空海は、最澄が、あくまで天台宗を中心に進んでいくことを確認するのである。最澄はこれまで天台と真言は同じ趣旨だと言って密教を学ぼうとしているが、それはあくまで天台が中心の密教ではないのか。対する空海は、真言密教を中心に思想を形成しようとしている。両者の密教に対する思いが、ここではっきりとわかれることになった。

空海と最澄、それぞれの道

それから間もなくの弘仁四年十一月二十三日、最澄から便りがあった。『理趣釈経』ともう一つの経典を貸して欲しいとの申し出だった。しかし『理趣釈経』は『理趣経』の注釈書であり、不空の教学や見方が盛り込まれている作品である。空海には、最澄の態度が納得できなかった。つい先日は、『依憑天台集』の中で、不空があたかも天台の弟子だといわんばかりのことをいっておきながら、その違意的な心が盛られている『理趣釈経』を貸してくれとは、筋が合わないではないか。空海は法の上でどうしても許せなかった。そこで手厳しく貸すことを断った。これまでは求められるとおり、貸し出していたのに、今回だけ急に態度を変えたのは、まさに最澄が『依憑天台集』を出した直後だったからである。後世、空海の態度について、貸し出しを惜しんだとか『理趣釈経』が特に大切であったからと説明されているが、それらはすべて真実ではない。

次に泰範《たいはん》という最澄の弟子の動向について一言しておこう。彼はもと元興寺《がんごうじ》の僧であったが、最澄が比叡山を中心に努力している時に弟子に加わった。最澄は手厚く彼を迎え、弘仁三年には比叡山のリーダーに指名している。ところがその直後、彼は自分の非行を恥じていとまごいの手紙を書いた。

それによると、どうも叡山の中で不行跡の疑いを持たれて山にいづらくなってしまったようである。山を降りたいという泰範を、最澄はしきりにとめたが、とうとう山を降り高嶋（滋賀県高島郡）のあたりを旅していた。ちょうど高雄の灌頂が行なわれる直前であったところから、最澄は旅先まで便りを出して共に密教を受法しようと誘う。彼は十二月の灌頂に参加し、そのまま他の高弟たちと一緒に空海のもとにあずけられ、高雄山寺で生活することになるのである。このことは比叡山に帰る気持ちのなかった泰範にとって幸いであったに違いない。

彼は空海について密教を学び、次第に密教に傾いていく。ところが最澄からは、比叡山に帰ってくるようにしばしば手紙が届き、ついに弘仁四年（八一三）には、天台と真言とは優劣がないのだから、共に天台を学んで、来春一緒に日本を遍歴して、正しい仏法を広めようではないかと誘っている。こうなってくると泰範としてはどうしてよいかわからなくなってしまった。比叡山には帰りたくない、しかし大恩を受けた師である最澄からは帰山の催促がくる。泰範は空海に苦悩を打ち明け、最澄への断りの手紙を依頼する。そこで空海は泰範に代わって最澄宛ての手紙をしたためた。これ以後、泰範は空海のもとで高野山の開創を手伝い、のちには空海の高弟となり真言宗として過ごすことになる。

世上では空海が最澄の弟子をうばってしまったという説が横行しているが、それはまったくの誤りである。なぜ空海がそのようなことをする必要があろう。要するに泰範自身が比叡山に帰りたくなかっただけなのだ。

空海と最澄とは僧侶という点では同じである。しかしそのめざしていく方法、特に密教の取り扱いかたが異なっている。すなわち最澄は、かつて隋の時代に、『法華経』という大乗経典を中心にすえて思想の統合をはかった智顗《ちぎ》（天台大師）の教学を学び、それに新しく興ってきた華厳宗や密教を加えていこうとした。だから最澄にとって密教は、天台と同等か、天台の一部門という受けとりかたをしているのは当然である。

これに対して空海は、密教を中心にすえて、思想の統合をはかっているから、天台の教えは逆に密教に至るための一過程であり、密教の一部分に過ぎない。要するに二人は、同じく密教を扱いながら、価値の置きかたが異なるのである。

すでに述べたように、後世この二人が、経典の貸し借りや弟子のとり合いで争い、しまいには喧嘩別れしたなどと、まことしやかにいわれているが、それらの風評はまったく根拠がない。

空海と最澄は、いずれも平安初期という新時代に宗教・思想界で活躍し後世に大きな影響を与えた。その二人が若い頃の数年間、極めて親しく交渉していた時期があり、その後は再び真言宗、天台宗という別の道を進んでいったと見るべきで、私情をもって争ったなどというつまらぬことではない。

高野山の開創

空海は四十歳を過ぎて、本格的に真言密教を広めるための努力をはじめる。それまでは自分の弟子の養成と自身の修行に全力を注いでいたが、経典の書写を友人たちに依頼したり、多くの人々に法を説き、注釈書を書いており、弘仁七年(八一六)には、朝廷に向けて、密教修行の道場として高野山を賜りたいという趣旨の上表文を書いた。

高野山を選んだ理由は、空海によれば、少年の頃から山野を歩きまわっていたのでその地形がすばらしいのを知っていたこと、かつて入唐の際に、自分が無事に帰国できたら必ず修行の道場を作りたいとすでに誓いを立てていたこと、の二点である。

この上表から間もなく許可がおりて、空海は泰範《たいはん》・実慧《じちえ》などをまず高野山に登らせて開創の下準備をさせ、自分も来年の秋には出かけようと述べている。この調査と準備は二年ほどかかり、三年目の弘仁九年（八一八）の冬を高野山の山中で過ごし、弘仁十年の夏からいよいよ建築が始まる。多忙の合間を生かして空海は、高野山上で、文章論、詩論に関する名著といわれる『文鏡秘府論《ぶんきょうひふろん》』六巻を著した。六巻と大部なために要略して、翌年には『文筆眼心抄《ぶんぴつがんしんしょう》』一巻を著した。この内容については後章にゆずるが、空海は文章に高い価値を置いており、格調高い文章を書くことによって人間のこころも高まり、それによってまたさらに高い文章が書ける、という具合に、人生と文章の深いむすびつきを述べている。

山上での空海の生活は「閑静を貪《むさぼ》らんがため暫《しばら》くこの南山に移住し（中略）三時に持念して事毎《ことごと》に福を廻《めぐ》らす」ものであった（筑前の王太守宛の便りから。南山とは京都の南で高野山をさし、三時とは朝昼晩つまり一日中の意）。

ちょうどその頃、新羅《しらぎ》の道教僧（道士）が、空海をたずねて高野山に登ってきた。

空海は中国留学中に多くの人々から温かく迎えられ、教えを受けて帰国したので、多くの外国人と親交を持っていた。そのため、帰国してからも外国からの訪問者が京に来れば、ただちに使いを派遣して連絡をとり、なにかと世話をしている。空海はその意味でも当時の国際的文化人であった。新羅の道者の来訪も、おそらく空海の方から招待の便りを出したのだろう。この時に空海が作った詩が『経国集《けいこくしゅう》』に載《の》っている。

吾住此山不記春　吾れ此の山に住して春を記せず
空観雲日不見人　空しく雲日を観《み》て人を見ず
新羅道者幽尋意　新羅の道者、幽尋の意《こころ》
持錫飛来恰似神　錫《しゃくじ》を持して飛び来《きた》る、恰《あたか》も神に似《に》たり

このほかに、米や油を贈ってくれた人に宛てた次のような礼状もある。おそらく孫を弟子として教育してもらいたいと依頼されたのであろう。

貧道《ひんどう》（私）、黙念（ひとり黙って思いをこらす）せんがために去月十六日、この峯に来住す。山高く、雪深くして人迹《じんせき》通じ難し。限るにこの事（黙念すること）を

もってし、久しく消息を奉ぜず。悚息《しょうそく》何ぞ言わん（すっかりご無沙汰してすみません）。米、油等の物を恵むことを忝《かたじ》けのうし、一《ひと》たびは喜び、一《ひと》たびは躍《おど》る。雪深し、伏して惟《おもんみ》れば動止いかん（そちらはお元気ですか）。命ずるところの孫児は、春を待って交々来《こもごもきた》れ。穏便、謹んで還《かえ》るに因《よ》る（使者の還るのに托します）。

平安初期の仏教界は、弘仁十年（八一九）から十三年まで、天台を主張する最澄と奈良諸宗との間でたたかわされた活発な論争で大きくゆれ動いていた。最澄は法相宗《ほっそう》などを権教《ごんきょう》（劣った教え）とし、天台法華宗を真実の教えとするいわゆる権実《ごんじつ》の問題で奈良の勢力を敵にまわして争った。それに続いて戒壇建立《かいだんこんりゅう》の問題が起こった。これも最澄の主張で、つまり奈良の宗派の戒律は、鑑真和上からの伝統でずっと小乗戒を中心としていたが、天台宗は大乗仏教だから別に比叡山の上に大乗戒壇を建立し、東大寺の戒壇院に行かなくとも比叡山で受戒できるようにしようと訴えた。天台の仏教を奈良の手から切りはなすことをねらったのである。そしてこの論争は弘仁十三年六月、最澄が入滅して七日目に大乗戒壇の建立が許可され終結した。

しかしながらこれらの論争は、真言密教の立場に立つ空海にとってはまったくかかわりのないことであった。たとえば天台を一乗で真実、法相・三論《さんろん》を三乗で権教とする問題も、空海にとってはどの教理もそれぞれ有用なのであるけれども、それらすべては密教に至る過程に過ぎないからである。また、戒律の問題についても空海の場合、弟子に対して、まず小乗戒を受けて国家の認定する僧侶になり、その上で、自らの手で仏性三昧耶戒《ぶっしょうさんまやかい》という、密教独自の戒を授けて真言宗の僧侶とする。二段構えであるから、奈良の各宗を否定する必要はまったくない。

平城《へいぜい》天皇はすでに退位して上皇になっていたが、弘仁十三年、空海に灌頂の儀式を受け、真言の僧侶となった。空海の名声はこの頃にはかなり高くなっており、空海もその期待に大いに応えて活躍していた。次節から空海の円熟期の活動について触れることにする。

三　円熟期における社会活動

讃岐国万濃池の修築

弘仁十二年（八二一）四月のこと、讃岐《さぬき》（香川県）の郡司《ぐんじ》等が一通の願書を朝廷に提出した。その内容は、万濃池《まんのういけ》という溜池《ためいけ》の堤防修築についてであった。この堤は三年前に決壊し修築を続けていたが、池が大きい割に人夫が少なく、完成の見込みが立たなくなった。郡司等は空海を築万濃池別当に迎えて工事の完成を期したいというのである。その文の一部にいう。

件の僧、空海は、部下多度郡《たどぐん》の人なり。行《こう》は離日に高く（行ないは立派で）、声《しょう》は弥天《びてん》（空一面にはびこること）に冠《かん》たり（名声は極めて高い）。山中に坐禅すれば鳥巣《す》くい、獣狎《けものな》る。海外に道を求め、虚《むな》しく往《ゆ》いて実《み》ちて帰る（往きは手ぶらであったが、まことに充実して帰国した）。ここに因《よ》って道俗《どうぞく》（出家《しゅっけ》も在家《ざいけ》も共に）

は風《ふう》を欽《よろこ》び（気骨とか風光に喜び賛同し）、民庶は影を望む。居《きょ》すれば則《すなわ》ち生徒は市《いち》を成《な》し、出《い》づれば則ち追従するもの雲の如し。いま久しく旧土（故郷）を離れて常に京都に住す。百姓《ひゃくせい》（ひとびと）の恋慕《れんぼ》すること実に父母の如し。もし師の来《きた》るを聞かば、部内の衆にして履《はきもの》を倒《さかし》まにして来り迎えざるもの莫《な》からん。伏して請《こ》う……。

讃岐の農民たちが空海にいかに大きな期待をかけていたかがわかる。この申請に対して翌五月、太政官符がおりた。それを見ると費用は国費でまかない、途中の国々も食料や馬などの協力をするように命じている。空海は直ちに故郷に向けて旅立ったと考えられる。その年の九月上旬（七日）には京都である儀式に出席しているから、その間は三ヶ月あまりであった。空海は中国で見聞した工法を人々に指導し、同時に僧侶として工事の完成を祈ったであろう。この年の七月、朝廷は天鋳の貨幣《かへい》、富寿神宝二万銭を空海に寄付している。その用途については示されていないが、のちの文書には修築工事に関するものだとあり、その残金で万濃池のほとりに神野寺《じんやじ》を造立したとされている。現在は水位が上がって当時の堤は見えないが、渇水など水位が下がれば工事の様子がわかる。その写真によれば、堤は現在のダム工法と同じで、池の中央に向けてU字に入り込んでいる。これ以後、堤防は決壊しなくなった。この池は香川県仲多度郡まんのう町にあり、日本一の溜池として灌漑面積三二三九ヘクタールを誇る。空海の誕生日とされる六月十五日（近年は少々早めているという）には取水が始まるが、当日は村々のリーダーたちが羽織はかまに正装して一同揃って神野寺に参詣し、弘法大師（空海）に感謝して堤を開く、「ゆる抜き」という大行事が続いている。

新しい文化の第一人者となる

弘仁十三年（八二二）六月、平安初期の思想界の雄であった最澄（伝教大師）が五十六歳で入滅した。いまや、新しい文化の担い手は、空海一人になってしまった。平城上皇は空海について受戒、灌頂を受け、知識人たちは空海の学問、思想、芸術を慕い、人々は広くその功績をたたえた。奈良の高僧たちも空海についてしばしば密教を受法し、天台の僧侶たちも、最澄の遺志にしたがって真言密教を学んでいる。空海は一世の師表（世の人の模範）として各界から仰がれていた。

翌弘仁十四年一月、嵯峨天皇は京都の東寺（教王護国寺）を、真言密教の根本道場として空海に下賜した。天皇は四月に退位し、異母弟の淳和《じゅんな》天皇が即位、自分は嵯峨に隠棲《いんせい》された。この年、空海は五十歳になった。これから天長九年（八三二）高野山に隠棲するまでの間は、空海の円熟期であり、多くの社会活動を行ない、少僧都《しょうそうず》に任ぜられ、やがて大僧都となり、僧侶としての公職について国のために尽力し、仏教界を指導した。また文化の発展に貢献し、自己の真価を遺憾《いかん》なく発揮したのであった。

思いおこせば青年時代、不忠不孝と非難されながら大学を中退し、仏道修行する道をとり、将来必ずや大忠大孝をもって恩をかえそうという誓いを立てたのであったが、その願いをまさにこの時代に実現させたといえるであろう。愛弟子《まな》智泉に病没されたり、いろいろな苦悩に見舞われたけれども、空海は次々と大きな願いを実現している。その一つが、天長五年（八二八）に開創した、庶民教育の学校、綜藝種智院《しゅげいしゅちいん》であった。

綜藝種智院の創設

当時の文化のにない手は、僧侶と官吏であったが、僧侶は仏教経典の研究を中心として一般世間の学問から離れ、一方官吏になるものは儒教を学ぶことに忙しく、仏典を読むことはしなかった。しかし、こうした状態は、すべてのものの中に真実を見出だそうとする空海には看過《みすご》すことができなかった。天長五年十二月十五日付で著した

「綜藝種智院式弁《しきならび》に序《じょ》」（『性霊集』にある）はその設立の趣意書と考えられるが、空海の教育理念がよく読みとれる。いまこの文章から、設立の動機および教育についての空海の心を探ってみよう。まず、開校の動機について述べよう。

第一に「式弁に序」の中に、「貧道《ひんどう》（僧侶である私は）物を済《すく》うに意《こころ》あって、ひそかに三教の院を置かんことを庶幾《こいねが》う」とあり、空海は出家以来かねてより衆生を救済する志をもって儒教、道教、仏教を学べる学校をたてたいと願っていた。綜藝種智院の特色は、①誰もが自由に学びたいものを学べる、②幅広く専門以外のことを学び、視野の広い人物を養成する、③完全給費制の三つである。

このような教育の機会均等と学問の自由、総合教育、そして完全給費制は、当時としてはまったくユニークなものであり、戦後わが国で新しく制定され、現在も教育の原点となっている教育基本法ときわめて類似していることに驚かされる。あの身分制度の厳《きび》しい平安初期に、現在と同じ理念を持てたという空海の胸中は、すでに普遍妥当性を十分に秘めていたと考えられる。

第二に考えられる動機は、空海がかつて入学した大学在学中の体験からきていると思われる。すでに『三教指帰《さんごうしいき》』で触れたように、空海は出家の念やみがたい反面、禄《ろく》を待つ両親や親戚に経済的な援助ができないという苦悩におそわれ、「進退谷《きわ》まった」

と述べている。こうした青年時代の経済的苦悩は、のちの空海に大きな影響を与えているはずである。空海の行動は、一方で高い理想をかかげながら、同時にきわめて現実的な配慮がなされており、綜藝種智院の給費制度などもその一つであると思う。

第三に中国留学の影響である。「式幷に序」の文中にも、「唐では坊ごとに学校を作って広く教育しているし、各県でも地方ごとに学校を作っているから、学識ある人々が輩出し、芸能をもった人々があふれています。それに対してわが国では都に一つの大学があるのみで、町々に学校があるわけではありません。貧しい者や身分の低い家の者は学ぶところがないのです。また、都から遠い人は、通学することはできないのです」とある。

第四の動機は空海の内心の大忠大孝の実現であった。すでに触れたとおり、将来必ず大忠大孝を実現すると誓ったけれども、入唐の期間を勝手に縮めるなど、前半生の空海は常にアウトローの存在とみられていた。庶民の学校を作ることは、日本文化の発展に大いに貢献することであり、大忠大孝の道である。空海としては、そうした想いが必ずあったと思われる。

いずれにしてもこの文章の中には、私立の学校を開設し、広く国民を教育して国の文化を高めたいという、教育立国の理念が強くほとばしるように示されており、空海の教育に対する信念のなみなみならぬことがわかる。最後に空海は学校を経営するには四つの条件があることを指摘する。その四つとは、善き処《ところ》、善き法《おしえ》、善き師、そして衣食の資《たすけ》である。この綜藝種智院の開設は、わが国の教育史上に重要な意味をもっている。

『秘密曼荼羅十住心論』と『秘蔵宝鑰』の制作

越えて天長七年（八三〇）、時の淳和天皇は勅をくだす。各宗派に対して、それぞれ自分の宗派の教義をまとめて綱要書《こうようしょ》を作って提出せよと命じたのだ。この時に、空海は『秘密曼荼羅十住心論』十巻を造り、あわせて『秘蔵宝鑰《ほうやく》』三巻と共に上進した。朝廷および諸宗の学者たちは、その空前のスケールに驚き、息をのんだ。そしてこれを機として奈良諸宗に対する平安仏教、特に真言密教の優位は理論的に確定したといってよいであろう。この書によって新しい秩序のもとに統一の方向に進み、これ以後のわが国の思想、宗教、文化は、密教を基調として展開していくことになる。

なお『秘密曼荼羅十住心論』と『秘蔵宝鑰』との関係について、いつの頃からか、前者があまりに大著で難解であるため再度勅を受けて、空海があらためて綱要書として後者を著して提出したとする説が一般化している。しかしこの両書は、当初から著作の目的がやや異なり、前者は資料集、後者は真言宗の綱要書であるから、各宗の綱要書を提出せよとの勅に答えて提出したのは間違いなく『秘蔵宝鑰』で、すでに著ずみであった『十住心論』に序文をつけて一緒に提出したものと考える。内容については後章にまとめて述べるが、『秘蔵宝鑰』は空海の所論がきわめて達意的にまとめられており、その思想を知るにはもっとも重要な著作の一つである。

隠棲と入定

天長八年（八三一）、最澄の入滅後十年がたったこの年十月、師の遺志を汲んで円《えん》澄《ちょう》以下三十数名が連名で空海に密教の指導を求めた。かつて最澄は、空海から密教を学びたいと考え、灌頂という儀式は受けたけれども、さらにかなりの時間が必要であることを知って、自分自身はまず天台宗の基礎をかため、そのあとで密教を学ぶことを決め、自分の代わりに主な弟子たちを空海のもとに預けて受学させた。しかし奈良諸宗との論争が始まり、それに専心していった。そして、密教を学びたいという志を持ちながらそれを果たせず、弘仁十三年に入滅した。

この天長八年までの間に空海は、出家・在家を問わず、多くの人々に密教を授け、教え、灌頂などの儀式を受けさせている。弟子の実慧《じちえ》の記録によれば、「道俗《どうぞく》（出家と在家）の男女、尊卑を論ぜず（貴族も貴族でない一般の人も問わず）灌頂に預《あず》かるもの、けだし万をもって数う……」と述べている。こののちの空海は、次第に都会のわずらわしさを離れて生活し思索したいという思いにかられ、静寂な高野山上に住もうという想いを強くするのである。

天長九年（八三二）八月、空海は高野山において万燈会《まんどうえ》を修《しゅ》している。その願文《がんもん》の中に、「大日如来の光が広く世界を照し、人々が心の中に本来的に持っている仏心《ほとけごころ》をはっきりと確認できるようにと万燈万華の会を催し、この願いが成就することを祈るものです」といい、それに続けて、「虚空《こくう》尽き、衆生尽き、涅槃《ねはん》尽きなば、わが願いも尽きなん」という。すなわち、未来永劫、いついつまでも、私の願いは尽きることはない、というのであり、空海の大きな抱負と願いが知られる。

先述した実慧の報告によれば、この年十一月、「空海師は、永く穀味を厭《いと》いて座禅《ざぜん》を好まれた」と記しているが、この頃から空海は隠棲《いんせい》時代に入る。

佐伯家の後継者と期待されながら大学を中退して仏道に入り、努力を続けて真実の道を求め、入唐して真言密教の教えを受け帰国。国の安泰をはかり、文化を高め人々の幸福が増すことをめざした。これが空海の前半生である。

嵯峨天皇の協力を得て、高雄山寺《たかおさんじ》を中心に弟子を育てた時代、高野山を開創して真言宗を発展させた時代、そして東寺を中心に活動し、わが国の思想・宗教界の代表として、新しい日本文化の発展に全力を尽くした時代、これがいままで見てきた空海の概略である。

努力を尽くして社会に貢献した人の晩年の静かな生活は、美しいものである。まして宗教の世界にあって深い境地を得た空海であればこそ、いま高野山に隠棲しようとする心境はまことに高いものであったに違いない。

天長十年二月、淳和天皇は退位し、皇太子であった嵯峨上皇の皇子が即位して仁明《にんめい》天皇となった。したがって空海の隠棲時代は主として仁明天皇の時代に当たる。この頃空海は恐らく高野山に住んでいたと思われる。制作の年次は明らかではないが、空海の当時の澄んだ心境をあらわしていると思われる詩を一首、紹介しておこう。

後夜（夜明け）に仏法僧鳥を聞く

閑林独坐草堂暁　閑林《かんりん》に独坐す、草堂の暁《あかつき》

三宝之声聞一鳥　三宝の声、一鳥に聞く

一鳥有声人有心　一鳥声《いっちょうこえ》あり、人心《ひとこころ》あり
声心雲水倶了了　声心雲水《せいしんうんすい》、倶《とも》に了了《りょうりょう》

空海の澄み切った心境を知ることができるであろう。三宝《さんぼう》とは仏教でもっとも大切な三つの宝、すなわち、仏《ほとけ》と、仏の説かれた教え（法）と、それを大切に尊ぶ人々の集まり（僧）であり、このはづくは鳴き声が、仏法僧という三宝を意味するところから三宝の声、一鳥に聞く、といったのである。鳥の声も人の心も、流れる雲も逝《い》く水も、仏《ほとけ》の活動そのものではないか、と嘆じている。

これ以後、空海は高野山に住居しながら、その経営や真言宗の将来についていろいろ努力をしている。そして承和二年（八三五）三月二十一日、六十二歳で入定《にゅうじょう》した。この翌年、空海の弟子二名が入唐《にっとう》することになり、後継者としての実慧《じちえ》は、かつて空海が大いに世話になった恵果《けいか》の墓前に報告の便りをしたため、かずかずの贈物と共に青龍寺の人々に宛てた。この船はしかし対馬《つしま》に漂着したので、二人の弟子は入唐できず、翌四年、今度は別の弟子の入唐に託して再び贈っている。青龍寺の僧たちはこれら日本からの報告と贈物を受けて、敬《つつ》しんで恵果の墓前に供え、日本の人々の誠意に対して感謝の意をあらわした。

これらのことがらは、空海が国際的な文化人であったことをはっきりと示すものであり、さらに中国と日本の後継者たちに深い感動をもってその思想が受け継がれていたことがわかる。

ここで一つの逸話《いつわ》を紹介しておこう。空海がかつて留学中にいかに中国の人々から高く評価されていたかを物語るものである。「園城寺文書《おんじょうじもんじょ》」の中に、天台宗の円珍《えんちん》の入唐記録がある。円珍は空海の甥《おい》に当たる人で、のちに智証大師と諡《おくりな》された天台宗の高僧であるが、唐の仁寿三年、開元寺《かいげんじ》に滞在していたところ、恵灌《えかん》という老僧が、「五筆《ごひつ》和尚はお元気ですか」とたずねたという。円珍は五筆和尚とは誰のことかと一瞬考えたが、すぐに空海師のことだと気がついて、「もうお亡くなりになりました」と答えたところ、恵灌は胸を搥《う》って悲慕し、あのような才能豊かなかたはいまだかつておられませんでした、と述べたという。また、円珍が唐の斉衡二年、龍興寺《りゅうこうじ》浄土院にいた時、かつて青龍寺の恵果《けいか》に親しく事《つか》えていた義真、義舟《ぎしゅう》などの老僧に会った際にも、彼らは口々に空海大法師が聡明で書の達人であったことを讃《たた》えたという。仁寿三年（八五三）は空海入定後十九年目であり、斉衡二年（八五五）は同じく二十一年目にあたる。想い起こせば空海の入唐は旅程を入れて約七百日であり、長安での勉強はわずか一年そこそこであった。このような短期間の一留学僧の消息が、それから五十年後にも話題にのぼり、しかもなつかしく想い出す人々が存在していた、ということに驚かざるを得ない。

短い滞在にもかかわらず、空海は中国の人々にずいぶんと世話になった。師の恵果をはじめ、書道や文章学を指導してくれた人、曼荼羅や仏具を製作してくれた人、筆の製法を教えてくれた人、土木技術を指導してくれた人、空海の受法に立ち会ってくれた五百人の僧侶、その他多くの友人など、知識欲と行動力に富んだ空海だけに、驚くほど多くの人々の協力を得た。帰国後の空海は、中国で受けた恩義を忘れることなく、中国からの来訪者をなにくれと世話し、親しく付き合っている。たとえば唐招提寺の如宝《にょほう》はかつて鑑真と共に来日した中国僧であるが、師の入滅後はその法燈を継いでおり、空海とも親しい間柄であった。空海は朝廷宛の手紙の代筆をしたりして世話をしている。このほかにも朝廷との連絡をつとめたり、高野山や東寺に招待するという具合である。空海入定の報は実慧が手紙にしたため翌々年長安に届けられ、恵果の墓前に供えられ、中国からはまたただちにお礼の手紙や品物が届いている。平安初期に、一人の僧侶がこのように親しく中国の人々と交わり、尊敬され親しまれたことは本当にめずらしく、他に例を見ない。まさに空海は、日中友好のかけ橋を築いてくれたといえよう。

天安元年（八五七）、文徳天皇は空海法師に大僧正の官位を追贈、七年後の貞観六年（八六四）、清和天皇は空海法師の徳をたたえて法印大和尚位《だいかしょうい》を追贈し、さらに入定《にゅうじょう》後八十七年目にあたる延喜二十一年（九二一）、醍醐《だいご》天皇から弘法大師の諡号《しごう》を賜わった。

弘法大師空海は、わが国が生んだ最大の宗教家として今なお広く崇敬され、わが国の文化の発展に大きく貢献した功績は、各方面から高く称賛されている。

＊ＮＨＫブックス『新版・長岡京発掘』福山敏男ほか著、昭和五十九年刊

第二章　著作と思想

一　著作の全容

空海の思想を考える時、もっとも重要なことは、その思索の成果が、延暦十六年（七九七）、二十四歳で著した『三教指帰《さんごうしいき》』から出発し、天長七年（八三〇）、五十七歳で著した『秘蔵宝鑰《ひぞうほうやく》』で完結しているということである。つまりこの二つの著作は、空海の思想の出発点と帰着点という大きなポイントになっている。『三教指帰』については前章で詳しく述べてあり、『秘蔵宝鑰』についてはのちに述べる。

まず教学及び思想に関する主立ったものからあげてみよう。

『弁顕密二教論《べんけんみつにきょうろん》』（上下二巻）　中国から帰国して間もない頃の著作。空海の真言密教についての主張の柱は、「顕密《けんみつ》の教判《きょうはん》」といわれる。空海の中心的教義を密教とし、他の一切の教えを顕教《けんぎょう》として、密教と顕教の二教を対比し、密教が顕教を含み持っているとする。つまり他の一切の教えは、真言密教の一部分を形成しているに過ぎない、ということで、密教の広さと深さの優位性を主張する。

各宗派が自己の優位を主張する学問を「教相判釈《きょうそうはんじゃく》」略して教判《きょうはん》という。『弁顕密二教論』は、表題のとおり、顕教と密教の教えを弁ずる（区別する）論書という意味で、真言密教の教判なのである。この書は論旨がまことに明快で、余断を許さぬ迫力がある。上下二巻、合計十九の論点で構成される。この内、十一点が、「顕と密との相違は、仏陀の見方が違う」とする。教えを説く仏陀をどう考えるか、ということである。ひと口に仏陀といっても、いろいろな仏陀が考えられる。釈尊も仏陀であり、阿弥陀如来や薬師如来といった如来も仏陀である。真言密教では法身《ほっしん》大日如来を真実の仏陀と仰ぐ。これも当然、仏陀である。法身大日如来が他の仏陀とまったく違っている、ということを主張するのが、これら十一点である。ほかに「教えそのものが違う」という論点が七つ、「成仏が遅いか疾《はや》いかの違い」を論ずるのが三点、「利益《りやく》がすぐれているか否かの違い」を言うのが一点で、二つの論点にまたがるものが三点ある。空海以前の中国でもインドでも、密教の他の教えと異なる独自性を述べようとする努力はもちろん見られるが、空海に至って、『弁顕密二教論』が著されてはじめて、大乗諸宗と密教との相違及び密教の独自性が理論的に明確になった。したがって、「顕密の教判」は空海が創設した、といえるのである。

『即身成仏義《そくしんじょうぶつぎ》』（一巻）　真言密教の教主である法身大日如来は、いかなる仏身なのか、私たち一般の人間とどのようにかかわっているのかを明らかにした重要な著作。「即身成仏」（私たちは皆この身このまま仏である）の考えかたは、密教の柱の一つであるが、この教え、こうした人間観は、極端な人間信頼につながっているわけで、十分に注意を払わなければ、大きな誤解を生み、人間の努力や精進を無視してしまうことになりかねない。空海はこの著作の中で、この点を十分に考えながら説いている。即身成仏の詳細は、節をあらためて論ずることにする。この書の眼目は、密教がインドで発生して以来内含している超能力への願望、最高の仏陀になり切るという希求、この理想実現の正当性を、大乗仏教とのかかわり合いを用いて証明したことである。この結果、密教の画く理想は、決して荒唐無稽《こうとうむけい》なものではなく、その思想は、大乗仏教の発達の帰着点として位置づけられることになる。

『声字実相義《しょうじじっそうぎ》』（一巻）　空海は、言語とか文章を極めて重視し、言語や文章を離れては、いかなる教えも人生も成り立たないという強い信念をもっている。本書では、この重要な文字や言語を材料にして、法身大日如来の受けとめ方、その実在性を主張している。結論だけを述べれば、私たちが耳で聞く一切の音という音は、それが騒音であれ、鳥の啼き声であれ、すべて大日如来が私たちに語りかける声であり、私たちが眼で見る一切の現象という現象は、それが壁のしみであれ、自然の景色であれ、すべて大日如来が私たちに示している文字だという。そしてこれら声と字とを示す主体としての大日如来の存在がある、という。声即字、声字即実相であり、声と字と実相とはすべて大日如来の存在と活動という意味で一具のものである。これらのいきさつを述べたのがこの書である。

『吽字義《うんじぎ》』（一巻）　インドの密教経論に説かれる論法で、サンスクリット語の吽《うん》の字が「あ・か・う・ま」の四文字で合成されていることを応用して、それをさらに無限に拡張し、吽の一字の中に、すべての教《きょう》・理《り》・行《ぎょう》・果《か》が含まれていることを述べる。結局吽の字義とは、法身大日如来を意味している、という空海の主張は、あらゆる価値の共通の原点が大日如来であり、一切の価値は大日如来に含まれる、というものである。

『般若心経秘鍵《はんにゃしんぎょうひけん》』（一巻）　中国でも日本でも広く読まれ書写されている『般若心経』を題材にして、真言密教の立場からまったく独創的に解釈したもので、大乗仏教の中でもっとも一般的な『般若心経』も、深い洞察をもって密教的に解釈すれば、わずか二七〇字の中に、あらゆる仏教諸宗の教えがすべて含まれていると見ることができる、という真言密教を仏教界全般に浸透させるための重要な著作である。

以上あげた空海の著作の中で、

『秘蔵宝鑰』三巻
『弁顕密二教論』二巻
『即身成仏義』一巻
『声字実相義』一巻
『吽字義』一巻
『般若心経秘鍵』一巻

の合計九巻に、龍猛《りゆうみよう》造『菩提心論』一巻を加えて後世『十巻章《じっかんじょう》』といい、これを一冊の書物にして真言宗の教材にして基本的テキストとしている。ちなみに、最後の『菩提心論』は空海の著作ではないけれども、その後半の部分を空海が『秘蔵宝鑰』に大きく引用しており、強い共感を覚えている書なのである。

『秘密曼荼羅十住心論《ひみつまんだらじゆうじゆうしんろん》』（十巻）　教学に関してもっとも大部なものである。この書物は、題に秘密曼荼羅とつくように、世の思想や宗教や価値観を心のありかたに置きかえて十種に大別し、その一々を発展の段階に並べ位置づけ、さらにこれらの生きかたすべてが、金剛界と胎蔵法という二種の曼荼羅におさまることを証明し、ひいては、それらすべてが曼荼羅の中央の大日如来の心に帰着することを述べたもので、空海の築いた一大パノラマである。『秘蔵宝鑰』との関係はすでに述べた。

『秘密曼荼羅教付法伝《ひみつまんだらきょうふほうでん》』（『広付法伝』と略称する。二巻）と『真言付法伝』（『略付法伝』という。一巻）法の伝承を「付法《ふほう》」というが、真言密教の場合、大日如来、金剛薩《さっ》埵《た》、龍猛《りゅうみょう》、龍智、金剛智、不空《ふくう》、恵果《けいか》と嫡々受け継がれてきた教えであり、その正式な後継者として空海がこれを受けてきたことになる。この書は相承の経過と、それぞれの相承者の経歴を述べたもので、宗教的にはもちろん、歴史的にも重要な意味をもっている。

このほかに、教学に関するものとしては、空海が帰国直後に朝廷に提出した報告書があり、真言宗ではこれを『御請来目録《ごしょうらいもくろく》』と称している。唐から持ち帰った仏典二一六部四六一巻や曼荼羅、法具などの総合リストであって、それらが整然と分類されており、空海の教学構成の緻密《ちみつ》さを示している。

次に弘仁十四年（八二三）東寺を下賜《かし》された時に著した『真言宗所学経律論目録』（『三学録《さんがくろく》』と略称する）は、真言密教を学ぶものにとって必要な経《きょう》、律《りつ》、論《ろん》、合計四二四巻のリストで、総合仏教としての真言密教を構築した空海の思索の広さを示してあまりある著作である。

さらに、これら多数の経典を読んだ空海が独特の思索をもって密教的判断を下した『開題』と称する作品が三十部ほどある。それぞれ短編であるが、空海は、経典の内容を決めるのは字句や表現方法ではないのであって、その経典を読む人の眼力によって決まる、という。密教の深い読解力をもってすれば、いかなる経典でも、密教経典としての内容を導き出せる、という意味深い立場を明確にしている。このほか戒律についての意見を述べたものに、『平城天皇灌頂文』と『秘密三昧耶《さんまや》仏戒儀』があり、前者は、弘仁十三年（八二二）平城上皇が空海に従って灌頂受戒した際に書いたもので、後半の一部分が『三昧耶戒序』として独立して扱われている。

教学に関するものは以上であるが、次に文章論・詩論・書簡（手紙類）について紹介しよう。

『文鏡秘府論《ぶんきようひふろん》』（六巻）空海の文章論及び詩論として、弘仁十年（八一九）頃、高野山滞在中に著された。わが国の上代における最高の権威を持つ作品で、弘仁十一年には、この略本として『文筆眼心抄《ぶんぴつがんしんしよう》』（一巻）を著している。これらには、唐代までの中国の古典の名文が極めて広く引用されており、その意味では空海の著作部分は逆に極めて少ない。けれども、問題はその引用の仕方、配置の仕方であって、著作の意義は極めて大きいのである。

『篆隷万象名義《てんれいばんしょうめいぎ》』（三十巻）　わが国で最初の書体辞典といわれる。これも当時の中国の辞典を集めて作られたものであるが、すでに中国にも、引用された原典のないものが多く、資料的に見てまことに貴重な書。

『性霊集《しょうりょうしゅう》』（十巻）　空海の書いた詩文・碑文・手紙などを集められている。これは、弟子の真済《しんぜい》が、空海の書いた文章を写し取って十巻にまとめたもので、このうち八、九、十の三巻がその後散逸《さんいつ》してしまった。そこで空海入定《にゅうじょう》後二百数十年たって、京都仁和寺《にんなじ》の学僧であった済暹《さいせん》（一〇二五－一一一五）が、その時点で残っていた空海の作品を集めて三巻にまとめて加えたものである。したがって現存する『性霊集』十巻のうち、八、九、十の三巻は済暹の編集した『補闕抄《ほけつしょう》』であって真済の時のものではない。内容は一一二文にのぼるが、漢詩、碑銘文、上表文《じょうひょうぶん》（朝廷に宛てた文章）、手紙類、諷誦文《ふじゅもん》（葬儀とか回忌法要に際して読む文章）などまことに変化に富んでいる。しかし、『補闕抄《ほけつしょう》』の中の四文は、空海の作ではないと考えられるから、差引一〇八文が空海作と伝えられていることになる。

『高野雑筆集《こうやざつぴつしゅう》』（『高野往来集《こうやおうらいしゅう》』とも呼ばれる。上下二巻）　空海の七十四篇の手紙を収める。この中には、朝廷に宛てた上表文が六通ふくまれ、ここにも空海以外の人物の文章が四文入っている。さらに、『性霊集』と重複するものが十文ある。編纂者は不明であるが、貴重な資料であることに変わりはない。

このほか、明治四十三年になって『弘法大師全集』の編纂者である長谷《はせ》宝秀師が『経国集《けいこくしゅう》』『元亨釈書《げんこうしゃくしょ》』などから、空海の文章を三十文集めて編集した『拾遺雑集《しゅういざつしゅう》』があり、『性霊集』『高野雑筆集』を補うものとして重要である。

最後に、日本の仮名《かな》文字の原点となっている「いろは歌」と「五十音図」について付言しておこう。「いろは歌」とは「色はにほえど散りぬるを、我が世たれぞ常《つね》ならむ、有為《うい》の奥山今日《けふ》越えて、浅き夢見じ酔《え》ひもせず」で「諸行無常、是生滅法、生滅々已、寂滅為楽」(諸行《しょぎょう》は無常なり、是《こ》れ生滅《しょうめつ》の法なり、生滅を滅しておわって、寂《じゃく》滅《めっ》を楽《らく》となす)の四句の偈《げ》にもとづいているといわれ、「五十音図」はサンスクリット語の文法をもとに作られたものと考えられるが、いずれも古来から、空海の作として親しまれている。その真偽《しんぎ》は学者によって云々されているけれども、では空海以外であったら一体誰の作なのか、となると誰もいない。日本語の原点となるこれらの作品が、空海の作ということで大部分の日本人が納得《なっとく》してきたという厳然たる事実は、いかに空海が民衆に親しまれているかを、暗黙《あんもく》のうちに物語っていると思う。

二『秘蔵宝鑰』について

はじめに

『三教指帰《さんごうしいき》』『秘蔵宝鑰《ひぞうほうやく》』は、空海の思索の出発点と帰着点であることはすでに触れたが、この両書にはきわめて本質的な共通点がある。『三教指帰』の構成は、すでに述べたとおり、本能のままに生きる蛭牙公子《しつがこうし》、道徳を重んずることを主張する亀毛先《きもう》生、天上の幸福を説く虚亡隠士《きょぶいんじ》、それらすべてを包括し統一する仏道を主張する仮名《かめい》乞児《こつじ》の会話によって成り立っている。そして、『秘蔵宝鑰』の方は、十箇の住心をあげて当時のあらゆる人々の価値観を観察し、それぞれに地位を与え、最後にそれらすべては真言密教の一部分を構成するものであって、すべては真言密教によって統一されるという。そして十箇の住心のうち、第一の異生羝羊《いしょうていよう》住心は蛭牙公子の生き方に、第二の愚童《ぐどう》持斎《じさい》住心は亀毛先生の主張に、第三の嬰童無畏《ようどうむい》住心は虚亡隠士の説にそれぞれ相応するのであり、仏道を説く仮名乞児の主張を第四から第十までの七つの住心に分けて説いている。その七つとは、第四・第五は小乗仏教、第六・第七は大乗仏教のうちの三乗教といわれる法相《ほっそう》宗と三論《さんろん》宗、第八・第九は大乗仏教のうちの一乗教といわれる天台宗・華厳宗、そして第十住心がすべての教えの究極としての真言密教なのである。要するに『秘蔵宝鑰』の構成は、『三教指帰』の仏教の部分を七分説しただけの違いであって両書の骨格は変わっていない。しかしその七分説はまことに重要で、まさに釈尊《しゃくそん》以来発達してきた仏教諸宗のすべてを含み持つ総合的な仏教思想史である。

さらに、『三教指帰』では、仮名乞児が仏道を説こうとする際に問答をはさんでいるが、『秘蔵宝鑰』でも同様に中巻で仏教を説きはじめるすぐの所で十四の問答をはさんでいる。しかもこの両書の問答は、一見すると違うように見えるが、より深く見れば、同一の問題を提起し、同一の解決をくだしていると思われる。これについては後にやや詳しく述べたい。

すでに述べたように、天長七年（八三〇）淳和《じゅんな》天皇の勅を受けて、空海は真言宗の綱要をまとめた『秘蔵宝鑰』三巻を提出し、あわせてその資料篇として『十住心論』十巻を同時に提出した。勅を受けての提出であったけれども、その内容からみて、『三教指帰』の場合と同様に、あらゆる思想の本質を究明し、人間の生きるべき真実の道を求める思索の当然の結論であったと考えられる。そして同時にこの問題は、当時のわが国全体の課題でもあったわけで、空海は、日本の課題を自分の課題として真剣に取り組んだのである。

十住心思想の概要

人間の心のありかたを住心という。いまここで空海は、全人類を総覧してこれを十種に大別する。詳しく見れば十種の枠組みに収まらないものもあろうが、そういうものも残らず十種の中に組み込んでいるつもりなのである。「住心は無量なりといえども、しばらく十綱《じっこう》を挙げて衆毛《しゅもう》を摂《せっ》す」と述べ、空海の固い信念を示している。

まず、まったく無反省な、食欲と性欲のままに生きる人生を第一住心にすえる。これを「異生羝羊住心《いしょうていようじゅうしん》」という。異生とは衆生《しゅじょう》、羝羊とは牡羊《おひつじ》である。このような本能のままに生きる態度は『三教指帰』における蛭牙《しつが》公子の態度と同様である。要するに倫理の基準を考えず、宗教の本質を無視する生き方である。ここで終わる人も多いであろうが、これでは生涯、他人と争い戦って生きていかねばならぬ。人間の心の奥に潜在《せんざい》する仏心のはたらきによって、縁に出遇えば、彼らも倫理・道徳になにがしか目覚め、やがて第二の愚童持斎住心《ぐどうじさい》に昇ってゆく。葉が落ちて枯れたように見える木もいつまでもそのままではない。よい縁に遇えば他人のために食欲を押さえて節食を実行し、他にほどこす(持斎《じさい》)気持が起こる。種《たね》も時期に恵まれ、水と光によって芽が出てくるように。

「それ禿《かむろ》なる樹も定んで禿なるにはあらず、春に遇《あ》う時は則《すなわ》ち栄《さか》え華《はな》さく。増《かさ》なれる氷はなんぞ必ずしも氷ならん、夏に入《い》る時は則ち泮《と》け注《そそ》ぐ」という。

この第二住心は『三教指帰』の儒者である亀毛《きもう》先生の所説と同一である。さらに道徳や倫理に満足できなくなると、人の心は、天上の神を仰《あお》ぐことを望みはじめる。これが第三の嬰童無畏《ようどうむい》住心である。

「外道《げどう》は天に生じて、しばらく蘇息《そそく》を得る。かの嬰児《えいじ》と犢子《とくし》との、母に随《したが》うがごとし」である。

人間の生活のはかなさを知って神話の神にあこがれ、天上の悠久《ゆうきゅう》な幸福にあこがれる生き方であり、何も知らぬ赤子《あかご》が無心に母にいだかれて安心しているように、また子牛が母牛に随って安《やす》らいでいるように、あるかどうかも不確実な天上の神々を信じしばしの安息を得る者である。これは『三教指帰』の虚亡隠士《きょぶいんじ》の説と合致《がっち》する。

これら仏教以外の教えはいったい誰が説いたのであろう、という問いに対して空海は、一切の教えは、すべて仏陀によって説かれ、設定されたのであって、仏教以外の教え（外道）もまた仏陀の教えの一部だ、という。では外道も皆仏法だといえるのか、との問いに対して、本来は仏説であったものが、人々がその応用方法を誤ったために外道に定着してしまったという。ではなぜ仏陀がこうした外教を説いたのか、とする問いに、「機根に契当《かいとう》するが故に、余の薬は益《やく》なきが故に」という。つまりすべての教えは、それが仏教であろうとなかろうと皆所詮は仏教の一部であり、仏教によって一切は包括される、と空海は考えており、これも『三教指帰』の場合とまったく同一である。そして仏陀は人間のもっとも興味を引く教えを数多く取り揃え、その人に適した教えによって導いていくと考えるのである。

ここまでの三つの住心を「世間三箇《せけんさんが》の住心」といい、仏教に入る前の段階である。そして『秘蔵宝鑰』では次の第四から第十までの七つを仏教の各宗に配当していく。それぞれの住心の内容は省略して、その筋書きだけを述べれば、第四は声聞乗《しょうもんじょう》（声聞とは仏陀の教えを聞いて修行し阿羅漢《あらかん》〈尊敬・施しを受けるに値する聖者〉になる、いわば仏弟子になることをめざす教え）、第五は縁覚乗《えんがくじょう》（師を持たず一人または数名で山林に修行し、なにかの事象を縁として、仏教の教えを覚り、同じく阿羅漢の位に昇ることをめざす教え）で、この二つは小乗仏教である。第六は法相宗《ほっそうしゅう》、第七は三論宗《さんろんしゅう》で、いずれもインドで宗派を形成したものでいわばインド産の大乗仏教である。第八は天台宗、第九は華厳宗で、この二宗は大乗仏教が中国に渡り、展開した宗派である。そして第十は真言密教であり、究極の教えである。

以上をもう一度繰りかえしていえば、第一住心は人間として少しの反省もなく、本能のままに生きる住心であり、やがて倫理的な反省が加わって第二住心に昇り、さらに宗教的な反省が加わって第三住心に至り、神話の神にあきたりなくなった心は、第四住心に昇って仏教に到達する。これから仏教の諸宗を転々と昇って反省が深まり、第十住心に至り、この第十住心によって、当時のあらゆる教えを批判し統合する、という。

さて、この十住心は二つの見方をもっている。一つの見方は、第一から第十までのすべては、この世の人間の心の種々相であって、それぞれ実際に存在し、浅い深いの違いはあっても、いずれも第十に至るまでの過程として評価されるべきものであり、すべては真言密教の一部分だと見る立場である。この広い視野をもってすれば、第一から第十まで、実は全部密教だといい得るのである。棄て去っていいものは一つもない、まぎれもなくそれぞれが人間の生き様なのだ。こうした見方を、「横《おう》の十住心」という。

これに対してもう一つの見方は、この第一から第十の展開を、一人の人間の心の展開過程と考えれば、第一から第九までは顕教であり、第十のみが密教なのである。これを、「竪の十住心《しゅ》」という。この二つの見方が両立してはじめて、十住心思想は現実の指導理念となるのである。すなわち、横の見方をすれば、すべては密教である。竪の見方をすれば、前の九種は顕であり最後の一つだけが密なのである。二つの見方をともに持つことで真言宗の思想は二倍に深くなり、二倍に広くなるのである。

空海は恵果《けいか》との劇的な出会いと別れの中で、『大日経』と『金剛頂経』の両部の思想を受け継ぎ、それぞれの経典に説かれている「胎蔵法曼荼羅《たいぞうほう》」と「金剛界曼荼羅《こんごうかい》」を請来《しょうらい》した。二枚の曼荼羅は、形は違うけれども、両者ともに真ん中の仏陀（中尊という）は大日如来であり、この仏陀は密教以外の宗派では触れられていない仏陀である。空海は、この曼荼羅をもう一つ展開して、十住心思想を構築した。その論法は、すでに述べたように、十種の代表的な住心のそれぞれが、『大日経』と『金剛頂経』に説かれていることを丁寧に探し出し、証拠をあげていく。大きなヒントは『大日経』と『大日経疏』住心品に見られるけれども、それを十住心思想にまで展開したのは空海の独創力の賜《たまもの》である。

『秘蔵宝鑰』中巻の十四問答

『三教指帰』にみられる問答は、仏道に入ることを忠孝にそむくと考える年長者に対して、そうではないと主張する青年僧侶の回答であった。しかし『秘蔵宝鑰』の問答は、やや若い憂国《ゆうこく》の公子（青年政治家）に対する、高僧玄関《げんかん》法師の訓誡《くんかい》である。また『三教指帰』の場合は一問一答の問答だったが、『秘蔵宝鑰』の場合は、白熱した論争をくりかえす往復問答となっている。この二種の問答は直接的には結びつかないようであるが、実は、仏教の教えを説こうとするに当たって、仏教と国家の法律とはどのような関係にあるのかを論じている点、仏法は世間の法律や道徳を超えている面もあるけれども、それらは広い意味において一致するのだ、という解決方法をとっている点で、完全に一致していると思われる。以下、十四問答の大意を紹介してみよう。

1　第一問答

憂国の公子（国を憂《うれ》うる青年貴族）と玄関法師（仏教界の長老）との問答として続いていくが、まず第一問で公子は、法師に対して次のような質疑を行なう。

その骨子《こっし》は、「仏教はすばらしい教えであることはわかったけれども、ではなぜ現在のわが国の僧侶たちは「頭《こうべ》を剃れども欲を剃《そ》らず」(非法濫行を行なっている者)が多いのか。すべて還俗《げんぞく》させて(僧侶をやめさせて)国家の給付を絶ってしまったほうがよいのではないか。本当に立派な僧侶だけを尊敬していけばよいのではないか」。

このするどい問いに対して法師は答える。「人間の本当の偉大さというものは、なかなか端《はた》からは理解できないし、物の善悪、人の賢愚は、どの分野においてもなかなか判断するのがむつかしい。しかも賢善の者は稀《まれ》で、愚悪の者は多い。代《よ》に扁華《へんげ》(古代の二人の名医)のような人物がいないからといって医道を絶やすべきではないし、時に羿養《げいよう》(古代の二人の弓の名手)がいないからといって武術の道を絶やすことはできない。師鐘《ししょう》(二人の琴の名手)や義献《ぎけん》(二人の名筆家、王羲之《おうぎし》と王献之《おうけんし》)のような人物はいないけれども、現在もなお琴を弾《ひ》くものは多いし書道を学ぶものも多いのである。これらはいずれも、やむを得ないけれども、それでもないよりは習ったほうがよい、ということである。それと同様に、立派な僧侶がいま少ないからといって仏教を棄て去るべきではない」と。

つまり人間の生活を導く仏道に名僧がなくとも、仏教を廃《はい》すべきではないという。

2　第二〜第十二問答

第二問答で公子は問う。「立派な僧侶に出会うのが難しいというのはわかるが、僧侶に徳行がないのはどうしてなのか」。法師は答える。「時運のしからしむる所だ。今は濁世《じょくせ》の時で、人間が劣鈍《れつどん》になっている。蒼天《そうてん》(青い空)全体が西に転回している時に、どうして星だけが東に転ずることができようか」と。

第三問で公子は問う。「それならば世の中が悪い時には立派な僧侶は絶対に出ないのか」。法師は答える。「大空は西に転じても、太陽や月は流されていない、北斗七星が動いても北極星が動かないように、偉大な人物は時流に流されることはないから、まったく人物がいないというわけではない」と。

第四問答で公子は問う。「ではそういう立派な人物はどこにいるのか」。法師は答える。「人《にん》を洞察するの難《かた》きことは古聖も述ぶ。聖にあらずんばその人を識別《しきべつ》すること能《あた》わず」と。

第五問答で公子は問う。「玉を蔵《おさ》めた山は自《おの》ずから繁茂《はんも》し、名剣を収《おさ》めた嶽は光り輝く、と昔からいわれるのだから、立派な僧侶がもしいれば必ず知られるはずだ」と。法師は答える。「物には心がないから自《おの》ずと相にあらわれるが、人には心があるからなかなか区別し難いのだ」と。

第六問答で公子は問う。「賢聖を区別することの難しさはわかったが、それでも、仏法は国費をかなり使っており、僧侶への出費は浪費ではないか、いったい益があるのだろうか」と。これに対して法師は答える。「仏法が有益《ゆうえき》か無益《むえき》かはのちに述べるとして、官吏こそ口では立派なことを言うが自分では少しも実行していないではないか。寺院の受けている予算はたかだか知れており、ごくわずかである。それに比べて官吏が受けるものは極めて多く、しかも歴史に残るような功労のある人物が出ていないのはどういうわけであろうか」と。

第七問答。これに対して公子は茫然《ぼうぜん》として一瞬声が出なかった。しかし気を取りなおして、「官吏の給与は官位に定まっているものだし、しかも官吏は早朝から夜半まで休みなくはたらいている。僧侶たちが経を読み、仏を礼拝するなどは、堂の中で好き勝手にやっているではないか。たった一巻の経を読み、一仏の名号《みょうごう》を唱《とな》えただけで、どうして国家の恩徳に答えることができようや」と。これに対して法師はいう。「正しい仏法は極めて意味深いものであり、また功徳もはかり知れないほど広いものであって、時間の長短などでは量れないものである」と。

第八問答に入って公子はいう。「そんなことは信じられない。もし仏法に功徳があるというのなら、官吏である私たちが漢籍を読んで、孔子の像に礼拝しても同じではないのか」と。法師は答える。「その意見はもっとものようであるが、よく考えてみるとまったく間違っている。たとえていえば、同じ文章でも、国家の官符と、家臣の手紙では意味がまったく異なっているのと同じである（仏教は儒教などよりはるかに広く深いものだ、の意）」。

これに対して第九問答で公子はいう。「釈迦は弁《べん》が立つから功徳を説くが、孔子は謙虚《けんきょ》だから自らの功徳など言わないだけではないのか」と。法師は答えて、「だまりなさい。孔子や老子も釈尊を讃えているのだ。仏陀は間違ったことは言われない。それを悪くいうと深い穴に堕《お》ちることになる」と。

第十問答で公子は言う。「十悪業《じゅうあくごう》や五逆罪《ごぎゃくざい》を犯したなら地獄にも落ちようが、人を誹《そし》り、法を誹るのをなぜそのようにいうのか」と。法師は答える。「病を治療するには、医者を信じ敬《うやま》い、薬を信じ、はじめて病気を治《なお》すことができる。それと同様に衆生が心の病気を治すには仏陀を信じ、教えを信じなければならない。疑っていたのでは薬は効《き》かない。正しい教えは、立派な人物によって弘まるのであり、人物も正しい教えによって成長していく。その意味で、人と法（教え）はきわめて密接な関係にある。決して人と教えを誹謗してはならないし、それは益《えき》のないことである」と。ここで公子はいう。「法師のいましめはよくわかった、これからは違犯しないようにする」と。

第十一問答に入り公子はいう。「人と法を誹謗してはならないことはわかったけれども、まだはっきりしない問題がある。人の心と教えはいったい何種類くらいあるのか、また深い浅いの区別はあるのだろうか」と。法師はここで、教えには顕教《けんぎょう》・密教《みっきょう》などいろいろあることを述べ、それらの教えはその人間の価値観に応じてみな妙薬であることを宣言し、詳しい浅深の問題は、『十住心論』に述べてあると結ぶ。

第十二問答で公子はいう。「人もそれぞれ生き方があり、教えもそれぞれ多いことはわかったが、では多くの仏書を見ると、皆、他の教えを打ち負かす、という形で主張しているではないか。これを謗法《ぼうほう》（教えをそしる）の罪といわないのか」と。法師は答える。「仏道を歩む菩薩《ぼさつ》は、心の底に大きな慈しみの心があり、自分のことはあと廻しにして、まず他人の幸せを考えねばならない。そうした大慈悲の心を持ちながら、浅い教えから深い教えに昇っていくことがもっとも大切なのである。もし自分の名声とか利益のために浅い教えに固執《こしゅう》し、深い教えを誹謗《ひぼう》すれば、これこそ謗法《ぼうほう》といわれるもので許されないのだ」と。

3　第十三、第十四問答

第十三問答に入って公子はいう。「大《おお》よそのことは理解できたが、まだはっきり納得のいかないことがある。なぜなら、あなたは、立派な僧侶がいないからといって仏教を棄ててはいけないといわれるが、いま世間では、兵役《へいえき》、賦役《ふえき》をのがれるために出家する連中も多いし、物を盗んだり女性を犯したりする僧侶も多く、とても看過《みすご》すことができないほどである。仏法と国法とはどういう関係にあると考えたらよいのか」と。法師は答える。「仏法を考える場合、これに二種類ある。一つは大智《だいち》の面であり、僧侶が仏道を修行する場合である。その間は、仏教独自の戒律にしたがわねばならないから、ある意味で仏法と国法とはあい容《い》れないものがある。しかし僧侶がいったん世に出て一切衆生を救済しようとする場合は大悲《だいひ》の面であって、この際には仏法と国法はまったく一致すると考えなければならない。僧侶といえども国法に従わねばならない。政治家は国の法律を適用する際に、愛憎に従って法をまげれば、その罪は重いのである。しかし、事情をよく調べて、ある時は厳しくある時はゆるやかに適用することが大切である。現在の僧侶の堕落《だらく》を見て、憎しと思って仏教を棄ててしまったのでは、やはり罪は重いのであり、世の指導者たちの慎重な態度を要望したい」と。

最後の第十四問答で公子はいう。「正しく法《おしえ》を知り、正しく道を弘《ひろ》める僧侶の大切なことはよく分っている。しかしそうでない僧侶があまりに多いのではないか」と。法師は答える。「大きな山にはたくさんの禽《とり》や獣《けもの》が、深海にはたくさんの魚や亀が集まる。中には薬になるものもあれば毒になるものもあるように、仏法の大道にも立派でない僧侶がいても不思議ではない。しかし、毒と思ったものが薬に変化したり、鉄だと思ったものが金に変わる場合もあり得るのである。これもひとえに時運《じうん》の流れによるのである。正しい仏法は常に重んじなければならない。僧侶は正法を伝えて世の中を明らかにする役目をもっているのだが、他面では時風にしたがうものでもある。だから僧侶の堕落《だらく》は時運により時風により、毒も変じて薬になることもあり得るのである」と。

4　諸宗への批判

第四住心からは仏教の諸宗を段階的に並べて批判を加える。第四住心と第五住心は声聞乗《しょうもんじょう》、縁覚乗《えんがくじょう》であってこの二つは小乗仏教である。第六、第七住心は法相《ほっそう》宗と三論《さんろん》宗でインドで成立した大乗仏教である。第八住心は天台宗、第九住心は華厳《けごん》宗で、この二つは中国で成立した宗派であり、第十住心は密教である。そして前の九つの住心は、第十住心に至るための道程に過ぎない。

すでに述べたようにこの十種の住心は、人類を一人残らず網羅している。空海はこの十種の生き方を一つずつ丁寧に『大日経』と『金剛頂経』の文中から照合していく。

その結果、人類の生き方は、すべてこの二つの経典に含まれていることになる。ということは、胎蔵法《たいぞうほう》曼荼羅と金剛界《こんごうかい》曼荼羅にそれぞれおさまるということであり、それらの生き方の原点が、中央の大日如来だということになる。

あらゆる人間の生き方は、一見ばらばらのように見えるけれども、実はすべて曼荼羅上の生き方にほかならない。それらの共通の原点としての大日如来によって統合されるのである。この共通の光、共通の原点を見出し、それによって人類の多様な価値観の流れつく行く先を確認して総合していくのが空海の目的であった。この骨子《こつし》が明確になれば、人間だけでなく仏陀観も、諸宗教、諸思想もすべて大日如来によって統合されることになり、分裂することなく、総合の方向に進むことになる。多様な価値を総合的に見ることによって一つの体系のもとで思索することが、はじめて可能になるのである。

『秘密曼荼羅十住心論』と『秘蔵宝鑰《ひぞうほうやく》』は、空海の思索の帰着点であることの意味が明らかになったと思う。

三　大乗仏教から密教へ

顕教と密教

十住心思想の項で述べたように、この世のすべての教えは、段階的に転昇し、やがて密教に流れ込む、というのが空海の設定である。十住心でいえば第一から第九までの教えを顕教《けんぎょう》と位置づけ、第十住心の教えを密教とした。顕教とはあらわの教えであり、密教とは秘密の教えである。そして顕教と密教の根本的な相違を明確にしたのが『弁顕密二教論《べんけんみつにきょうろん》』（二巻）である。つまり、顕教と密教の二つの教えを弁《べん》ずる（区別する）論書という意味である。

この中でもっとも重要な論点は、顕教と密教では仰ぐ仏身が異なり、成仏の遅い か速いかが異なるという二点である。成仏の遅速《ちそく》については次項の即身成仏の項に詳しく論ずるとして、ここでは、仏身の相違について説明しよう。

言うまでもなく仏教はすべて釈尊の八十年の生涯を起源として出発している。釈尊自身としては、「私が世に出ようが出まいが、弟子たちには関係ない。私の亡きあとは、縁起の法則にしたがって生きるべきである」と述べたと伝えられるが、釈尊入滅後の仏教教団にはさまざまな想いがあった。伝えられるところによれば釈尊は、紀元前五六六年（高楠博士の説による）インドに出生、二十九歳で出家し、修行者として道を求めた。六年の修行ののち、苦行を捨て、三十五歳にして悟りを開き、人間釈尊はブッダ（仏陀、悟れる人）となった。釈尊はそれ以後四十数年の長きにわたって人々を救済し、努力し、八十歳にして入滅した。では仏陀は釈尊の入滅とともに永久に失われてしまったのであろうか。

確かにそう受け取った人々がいた。仏陀は釈尊ただ一人だとすれば、釈尊が入滅すれば仏陀もいなくなってしまう。あとには、仏陀がかつて生前に説いた教えが残っているだけである。自分たちは、仏陀の残された教えを中心に修行して阿羅漢《あらかん》という聖人の位に到達しよう、というのが上座仏教、小乗仏教の立場だ。彼らの見方は釈迦一仏である。釈尊入滅後、五十六億七千万年後に弥勒菩薩《みろくぼさつ》が下生《げしょう》して再び仏陀になる時までは、無仏《むぶつ》時代（仏陀のいない時代）となる。

ところが西暦紀元前後になって大乗仏教運動が起こり、釈尊の真精神の理解に新しい展開が見られるようになった。ここで一つのたとえを加えよう。池の水にうつった月影は、夜半になると東の岸の水面から出て美しい光を放ちながら西の岸に消えていく。人々は、ああ月は消えてしまったと考える。しかし真実の月は天上にあって永遠に輝いている。ちょうどそれと同様に、真実の仏身は、極めて古い時代に過去の修行の結果として成仏し無量寿《むりょうじゅ》を得ている仏陀なのである。インドに出現した仏陀釈尊も、迷える衆生を救済するためにその機根に応じて現れた仏陀で、いわば水面に映った月影であり、応身《おうじん》である。諸々の大乗仏教では、この報身（永遠なる仏身）を真実の仏身と仰ぐ。ここではっきり大乗と小乗の区別ができる。すなわち真実の仏陀を釈尊だと見るのが小乗仏教で、永遠の仏陀、報身の仏陀を真仏と見るのが大乗仏教である。阿弥陀如来も薬師如来も、大乗の仏陀はすべて報身である。大乗経典では、如来は一様に、はじめ菩薩であり、長い修行ののちにそれぞれの願いが成就し、その報いとして成仏して如来になった旨が明示されている。

しかし、ひと口に大乗といっても、四方八方、十方にそれぞれ如来が出現していくわけで、その結果として、大乗仏教は、十方に如来がおられ、さながら多神教のような様相を示すようになった。西方の阿弥陀如来を拝むもの、東方の薬師如来を拝むもの、それぞれ別の方向を拝んではいるが、実は大乗仏教に変わりない。こうした多仏的な大乗仏教の共通の帰着点を「法身」と称し、その法身こそ釈尊はもとより、大乗諸如来の原点である、と位置づけたのが真言密教である。

つまり、空海の真言密教は、釈尊以来次第に発展していった仏教の帰着点を確定したのであり、言い換えれば仏教諸宗を法身によって統合することになる。この発想は、インドで七世紀頃成立したと考えられる『大日経』『金剛頂経』にすでに見られるが、この両部の経典が中国に渡り、漢訳され唐中期には何人かの学僧たちの努力によって次々と明らかになってきた。しかし諸思想の統合という点で理論的にいまだ十分でなく、それを受けた空海の手によって、ようやく明確な体系が完成したのである。

そして、空海に至って、真言密教は、法身大日如来こそ真仏(真実の仏陀)であり、他の一切の諸仏諸菩薩は、法身大日の応化身《おうげしん》(身を変えた姿)ということに決定した。

これでわかるように、釈尊の仏教は報身の大乗諸教に発展し、さらにそれらの一切を法身で統合する真言密教に帰着することになった。小乗、大乗、密教という仏教思想は、まるで三段跳びのように展開し、真言密教はそれ以前の一切の価値を内含しているのである。

さて空海は、『大日経』『金剛頂経』といった密教経典以外のもので、実在する法身を説く経典や論書を探した。まず目についたのは『金光明最勝王経』である。この経は、仏教がわが国に伝来した当初から国王・為政者の心構えなどを説き、護国思想を強調している点で重視され、聖武天皇が全国に国分寺を建立《こんりゅう》したおりに大いに活用した経典である。この経には法身、応身、化身の三身が説かれ、そのうちの法身こそ真実の仏身で、応身と化身は、法身の変化したものであることを明言する。空海は、法身を真実有《しんじつう》とする点で、この経の三身説に十分に注目し、基礎に置いた。

さらに空海は『楞伽経《りょうがきょう》』にも注目している。この経には法仏、報仏、応化仏の三身が説かれ、その三身それぞれに説法があることを述べている。つまりこの経では、法身が説法するという。空海のめざすところ、すなわち真言密教の大日如来は法身であり、しかも過去、現在、未来の三世にわたって法を説き続けている仏身なのである。

法を説くということは命があることであり、生き続けていることである。ところが法相宗などでは、真実の仏は報身であって、法身は仏を仏たらしめる性質、つまり仏性《ぶっしょう》とか真如《しんにょ》(真理そのもの)をいうのであって、法身が説法することはないと主張する。

当時のわが国の大乗諸宗も、おおむねこの法相宗の理論にしたがっていた。ところが空海は、大乗の経論の中から、『金光明経』『楞伽経』『大智度論』などの所説を引用し、そして『大日経』と『金剛頂経』を根本にしながら真言密教の法身大日如来は曼荼羅の中央に位置し、他の一切の教えの根源であり、すべての教えは密教に至るた

め の道程にすぎない、と述べる。

空海の顕と密を区別する基準ははっきりしている。まず第一に密教は法身大日如来の説く教えであり、他の報身、応身、化身の説く教えが顕教である。密教以外の諸宗の教主は法身ではないのである。

くり返すが、法身大日如来は曼荼羅の中央にいる。その他周辺の一切諸尊は顕教の教主である。詳細についてはこれ以上触れないが、これらの点だけでもおさえておけば十分である。

以上、仰ぐべき仏身の違いを中心に顕と密の区別を説いてみた。要するに空海の主張は、一見バラバラのように見える多くの価値は、実は共通の帰着点に進んでいくのだから、決してバラバラではなく統一のとれた様相を呈している、というものである。平安初期の思想界は、空海のおかげで分裂と抗争を回避することができた。そして事実、その後約三百年にわたる平安時代は、空海の密教を中心に、ほぼ争いのない時代が続き、やがて鎌倉時代を迎えるのである。

即身成仏思想

空海は留学生《るがくしょう》として中国にわたり、長安で恵果和尚《けいかかしょう》に出会って密教を伝授され、正式の伝受者となる。のちに師の遺言に従って、二十年の留学予定をわずか足かけ三年で帰国することになるが、ちょうどその時、日本から来唐した高階真人《たかしなのまひと》に宛てて手紙を送り、ともに帰国したいと告げている。その手紙の一節で空海は、恵果和尚から伝受した真言密教の内容について述べている。いわく、「此《こ》の法（密教のこと）たるや則《すなわ》ち仏の心《かなめ》、国の鎮《しずめ》なり。氛《ふん》を攘《はら》い祉《さいわい》を招くの摩尼《まに》（宝珠のこと）、凡《ぼん》を脱《まぬが》れ聖に入るの嘘径《きょけい》（近道）なり」と。

この短い一文の中に、空海の受けてきた密教の特色が明確に示されている。仏の心《しん》とは、一切の教えの原点の意、国の鎮めとは国家の安泰をめざすことであり、続いて除災招福、そして即身成仏である。この四つの密教の特色の最後に、「凡夫の私たちが聖なる仏位に入る最短の近道」といって、すでに即身成仏の思想を述べているところから、この考えかたは、すでに密教発生の時点から主張されていたものと思われる。

しかし、仏になるといっても、これだけではきわめて漠然としている。

すでに紹介したように、仏陀といっても、小乗、大乗、密教でそれぞれ意味が異なるのである。しかし、私たちがみな仏になる、というならばそれは大乗か密教でいうことである。小乗では釈尊ただ一人が仏なのだから、私たちが成仏することは考えられない。では大乗ではどうかといえば、五・六世紀になると、如来蔵《にょらいぞう》思想（私たちみんなの心の中に、すでに仏陀と同様のものが内蔵されているという考え方）や本覚《ほんがく》思想（私たちはみんな本来的に心の中に悟りを持っているという見方）が発達して、中国に渡った仏教は、天台とか華厳の教えが急速に広まって、仏陀と私たちとは根本的なところではきわめて近くなってきた。しかし理論の上では仏陀と私たちが近くなったといっても、実際の人間と仏陀とでは、たいへんな違いがある、いや違いだらけである。基本的な人間観でいえば大乗諸教は仏に近い存在なのだが、実際には厚い煩悩《ぼんのう》の雲におおわれているから、それを払うために多くの修行を積まなければ、結局はむつかしいことになる。しかも、一般の大乗仏教で仰ぐ仏陀は薬師如来でも阿弥陀如来でもみな報身《ほうじん》の仏陀である。報身とは、はじめ菩薩で永い期間の修行を経て——しかも何世代もの長期にわたる修行の結果、その報いとして仏陀になるわけで、これも私たちのまねのできることではない。だから大乗仏教では、仏陀になることなど目的とせずに、仏陀を高く遠く仰ぎ、その光明をたよりとして生活することが眼目《がんもく》である。

これらに対して真言密教では、法身《ほっしん》大日如来を真実の仏陀と仰ぐ。法身とは、三世《さんぜ》常住《じょうじゅう》といって、永遠の過去から永遠の未来まで（過去・現在・未来の三世）常に実在し、法を説き続けている仏陀である。この法身は曼荼羅《まんだら》の中央に位置している仏陀で、あらゆる諸尊は法身の身を変えた姿であり、しかも法界《ほっかい》に遍満《へんまん》していて、さながら虚《こ》空《くう》のごとき広くて深い仏陀である。

こうした法身の実在を前提にして人間を見なおしてみれば、私たちは一人のこらず法身大日如来に包まれているのであり、煩悩にまとわれたこの身このまま仏陀と一体になっているのである。即身成仏は、こうした真言密教の仏陀観が前提となっている。そして大乗諸宗とも、即身成仏という語は用いていない。そこで空海は、即身成仏という思想を前面に押し出して、法身大日如来もわれわれ凡夫も、あらゆる角度から見て、異なったものではない、と主張した。この著作は、『即身成仏義』（一巻）である。大要はすでに前節で述べたが、その内容にやや詳しく触れてみよう。

空海はまずこの著作の書き出しで、一般の大乗仏教では成仏《じょうぶつ》するためには、とてつもない長い時間がかかり、それは一生涯でもとうてい足りず、何度も生まれ変わり死に変わりしなければならないのに対して、密教は、この一生の中で、両親から授かったこの身体で成仏できることを、各種の密教経論の中から八つの文を引用して述べる。真言宗ではこれを、二経一論（『大日経』と『金剛頂経』で二経、それに『菩提心論』を加える）八箇《はっか》の証文という。この八つの文章はいずれも、「現に……証《しん》す」とか「この身を捨てずして……成ず」「この生において……成ず」「父母《ぶも》所生《しょしょう》の身（つまりこの身体で、現世に、の意)に……証す」というものばかりである。もっとも密教の経論には、こうした表現は無数にあるが、空海はこれら八箇の証文をあげて、即身成仏を主張している。

続いて本論に入るが、ここでは空海が、自ら作成した「即身成仏の頌《じゅ》」をあげて、一句ずつ説明するという形で論を進める。これを「二頌《に》八句《じゅはっく》」という。

第一頌
六大無礙《むげ》にして常《つね》に瑜伽《ゆが》なり
四種曼荼《まんだ》おのおの離れず
三密加持《かじ》すれば速疾《そくしつ》に顕《あら》わる
重重帝網《じゅうじゅうたいもう》なるを即身と名《な》づく

第二頌
法然《ほうねん》に薩《さ》般若《はんにゃ》を具足して
心数心王《しんじゅしんのう》 刹塵《せつじん》に過ぎたり
おのおの五智《ごち》無際智《むさいち》を具《ぐ》す

円鏡力《えんきょうりき》のゆえに実覚智《じっかくち》なり

まずこの二頌を理解する上でもっとも重要なことは、凡夫《ぼんぷ》と法身大日如来が異なったものではない、つまり凡即是仏《ぼんそくぜぶつ》、凡聖不二《ぼんじょうふに》の深い趣《おもむき》を述べるためのものであることを十分に肝に銘じておくことである。さもないと、変な方向に展開してしまいがちであるから、特に重要なのである。

第一頌の第一句で、法身大日如来は六大によって成立している（六大所成《しょじょう》）のであり、その点でわれわれ凡夫と本質的に異ならない、という。大日如来も六大所成、私も六大所成で、この二身はまったく離れたものではない、一体である。六大で成り立っている、という意味は、『大日経』具縁品《ぐえんぼん》第二で、金剛手という弟子が大日に質問する。仏陀のさとりとはいったいいかなる本質のものでしょうか、と。大日は答えて、この世のすべてのものが五大《ごだい》（地・水・火・風・空）で成り立っているならば、さとりだって五大を本質として成り立っているであろう、と。

これは、仏陀のさとりはこの世と切り離して考えてはいけない、つまりわれわれ凡夫の生活と離れたものではないことを教えているのである。この『大日経』の問答を受けて、空海は、大日如来そのものを説明して、『大日経』の五大に「識大」を加えて、六大所成といった。その証文として空海は六つの文章を密教経典から引用する。ここでは煩《はん》を避《さ》けるためにその中の第一の文だけを示しておこう。『大日経』の文に、「われ本不生《ほんぷしょう》を覚《さと》り、語言《ごごん》の道を出過《しゅっか》し、諸過《しょか》を解脱《げだつ》すること得《え》て、因縁を遠離《おんり》し、空《くう》は虚空に等《ひと》しと知る」とある。

この絵解きとして大日如来を表す種字真言《しゅじしんごん》に阿縛羅訶欠吽《アビラウンケンウン》という六字の真言がある。最初の阿《ア》字は諸法本不生の義で地大《ちだい》、縛《バ》字離言説《りごんぜつ》とは水大《すいだい》、羅《ラ》字清浄無垢塵《しょうじょうむくじん》とは火《か》大《だい》、訶《カ》字門因業不可得とは風大《ふうだい》、等虚空とは欠《キャ》字すなわち空大《くうだい》で、最後の吽《ウン》字が、われ覚る（我覚）で識大《しきだい》に相当する。このように、法身大日如来は地・水・火・風・空・識の六大によって本質が構成されるという。空海は『大日経』の主旨をさらにはっきりさせるために五大に識大を加えて六大とし、大日如来に人格のあることを強調している。あらゆる人格は六大所成で構成されるという意味で、大日如来もわれわれもまったく同一のものであり凡と聖は完全に一致する。

次に第二句の「四種曼荼云々」は、大日如来の相《すがた》についてである。法身大日如来の相は四種類の曼荼羅で表す、と密教の経典に説かれている。第一は「大曼荼羅」といい諸尊の全体の姿を画き、色彩をつけたものが多い。真言宗の寺院にかかっている通常の曼荼羅である。第二は「三昧耶《さんまや》曼荼羅」といって、諸尊を象徴する一定の持ちもので画かれた曼荼羅で、三昧耶とは諸尊の心の内に秘めた内証や誓願を表示している。第三は「法曼荼羅」で、諸尊を表す種字《しゅじ》を、曼荼羅のそれぞれの位置に書いて仕立てたものをいう。第四は羯磨《かつま》曼荼羅で、諸尊の動作する姿を金属で鋳造したり土で彫刻した仏像を並べて形成するもので、いわば立体的な曼荼羅である。

大日如来も以上の四種の曼荼羅で表せるのだから、われわれと少しも違わない。大曼荼羅でも羯磨曼荼羅でも、中央の大日如来は、外見からみて私たちと異なった姿をしてはいない。人間の姿をしている。だとすれば、相の上からいっても大日如来とわれわれと異なってはいないのである。

次に「三密加持……」の句についていえば、大日如来の活動は、密教の経典によれば、身体の動き（身密）、口で語る活動（口密《くみつ》）、心に思う活動（意密）の三方面に分けて考えられる、という。これならまさにわれわれと少しも異ならないではないか。大日如来は宇宙に遍満し、一切に行きわたること虚空《こくう》の如き存在であるから、その活動は、世のあらゆるところに顕《あらわ》れてくるわけで、動物の声も、流れる雲も逝《い》く水も、松吹く風も鳥のさえずりも、一切がその動作の表れである。しかしそれらはいずれも大日如来の身口意《しんくい》の活動に帰着する。

これをもう少し丁寧に言えば、私たちが目で見る一切の現象は、壁のシミであろうと、床のキズであろうと、すべて、大日如来の書いた字であると受けとめるべきであり、私たちが耳で聞く一切の音は、車の騒音であれ、飛行機の爆音であれ、一切は大日如来の声だと受けとめる。これが、声字実相《しょうじじっそう》の理《おしえ》である。そのような法身であるが、その活動は所詮、身口意の三密を出ない。その意味では、われわれ凡夫と少しも違わないのである。

以上、本質（体《たい》）から見ても、姿（相《そう》）から見ても、活動（用《ゆう》）から見ても、法身大日如来はわれわれと少しも違わず、同一といえるのである。このように、法身大日如来は、われわれと同様にいのちを持っており、限りなく高い人格をもっている。私たちは大日如来と切り離しては考えられないし、大日如来も私たちと一体である。私たちは大日如来にいだかれ、大日如来を心に持ち、毎日を生きている。

大日如来と私たちの密接不可分の一体感を、空海は、「重重帝網《じゅうじゅうたいもう》」とたとえている。これは華厳《けごん》教学の用語であるが、帝釈天《たいしゃくてん》の首飾りは縦横無尽に玉がついており、その多くが映《うつ》り合って渾然《こんぜん》一体になる、という意味である。凡《ぼん》と聖《しょう》は一体であり、不二《ふに》である。この事実を確認し、深く心に定着することこそ、空海のいう「即身成仏」である。だから私たちは、この事実に気付きさえすればよい。空海の人間観によれば、私たちすべては、一人の例外もなく、皆、本来、大日如来である。ただその事実に気付かないだけである。空海の好んで使うことば、「悟れば大日、迷えば凡夫《ぼんぷ》」という意味がこれである。

以上、第一頌《じゅ》（四句）では、法身大日如来と私たち凡夫とは体・相・用《ゆう》の三方面から見てまったく同じである、という密教の深い観察について述べたが、次の第二頌（四句）では、密教でいう法身大日如来とはいったいどのような仏陀かを明らかにしている。

「法然に薩般若《さはんにゃ》（サルヴァ・プラジュナ、一切智々）を具足する」とは、大日如来は、自然法爾《じねんほうに》に一切智々を備えている、ということで、この自然法爾というのはきわめてむずかしいところである。一切の出来事をなにか天上の神のしわざと思い込んでいる人々は、結局は神のしもべとなって満足してしまっているけれども、仏教ではそうした因果の作者《さしゃ》は認めない。

真言密教でも因果の関係は一応認めるけれどもそれは天上の神などを否定するために仮に立てたもので、因を追求しても、所詮は猿がらっきょうをむいて種を求めても求められないのと同様で、結局、因は得られない。原因が得られないとすれば結果だって仮の姿である。しかし、自然法爾という果は、因と果の関係を越えた、いわば密教的な果であり、誰が作ったものでもなく、そうかといって原因なくわき出たものでもない。この不思議な事実を自然法爾といい阿字本不生《あじほんぷしょう》という。法身大日如来の存在もまさにこのような密教の眼をもって観察しなければならない。

次に「心数心王《しんじゅしんのう》……」の句であるが、これもなかなか意味深い。心王とは心の主作用で、心が外界を認識する際に、外界の全体相を認知するはたらきをいい、ある部分を個別に認知するはたらきを心数（心所ともいう）という。法身大日如来についていえば心王は「法界体性智《ほっかいたいしょうち》」という智で、心数は心王をとりまく四つの智である。一つの心王を四つの心数で取り囲む形を五智といい、これが基本であって、その心数の一々をまた四智が取り囲み、分子と原子の関係のように、末端に至るまで限りなく広がっていく。

つまり大日如来の五智は、広がり広がって、法界に遍満している、と見る。この全体相を次の句で「各具五智無際智」と述べたのである。最後の「円鏡力《えんきょうりき》のゆえに……」は、法身大日如来はこの世に現に存在して、実際に力をふるい活動し、実効力を発揮していることを示している。そして、真言密教の修行は、こうした広大無辺な仏陀の実在をはっきり認識し体得するためにあるのだ。

自分をふりかえってみれば、いうまでもなく、迷いの多い凡夫《ぼんぷ》の一人である。どうしようもないこの自分だが、基本的に心の底に、即身成仏の深い意味をしっかりと持ち続けていることによって、ずいぶんと物の見方が安定してくる。自分が即身成仏したとかしないとかいっている場合ではない。ただひたすら「即身成仏」という仏身観と人間観を心に秘めて生きてゆくことが大切である。

空海は、人の死に直面したり、法要に立ち会ったりした時の文章を三十文残している。相手はそれぞれ異なっており、男性・女性、老人・若者とまちまちであるが、一貫しているのは、空海が彼らの即身成仏を心から祈っていることである。つまり空海は、人間が生きている時も、死後も変わらずに即身成仏を祈ってやまなかった。現世では救われないが死んではじめて仏になるとか、人は死んだらゴミになるとか巷間《こうかん》いろいろ述べる人がいるけれども、空海の主張する即身成仏の教えは、現代の、人間性の薄くなった時代に、一筋の光明を射し込ませてくれるように思えてならない。

かつてNHKの名アナウンサーであった藤倉修一氏が、テレビで若いアナウンサーの卵たちに次のように訓辞していた。

マイクの前に立つまでは、自分はその事柄についてまったくなにも知らない人間、世間で一番知らない人間だと反省しながら資料を集め人にたずねて勉強しなさい。しかしいったん本番になってマイクに向かった時には、自分はその問題について世間でもっともよくわかっている人間なんだという自信を持って話すことが大切です。

高い目標に向って謙虚《けんきょ》に反省することと、自信をもって強く生きていくこととは、まるで正反対のように見えるが、この藤倉アナの話のように、実は一つの事柄の両面であり、裏腹の違いにすぎないのである。つまり、本当に反省できる人こそ、本当の自信を持てる人なのである。

空海以前の日本の仏教は、南都六宗と呼ばれ、これはこれで魅力があり、奈良に大寺院が残っている。宗派とすれば法相《ほっそう》宗や華厳《けごん》宗が中心である。これらの奈良仏教は、学問中心の仏教になり、次第に一般大衆とのかかわりがうすくなる傾向にあった。ところが時代が変わり、空海は、一般大衆と密教を大いに深く結びつけたのである。

空海はきわめて明晰な思索力を持っており、中国の仏教理論を十分に読みこなし、真言密教の体系を作り上げる際にも、過去を十分にふまえ、自らの工夫《くふう》を十分に加えて、整然かつ仏教の本道を進む、堂々たる理論を完成させた。と同時に、人々の毎日の生活の中に、祈りの要素を加え、密教独特の護摩を焚《た》く儀式などを普及させ、平安初期の人々の率直な願いを受けとめ実現させようと努力した。しかもそれまでの仏教の常識を破って空海は、「宇宙に遍満する法身大日如来の存在に気付きさえすれば誤りだらけのこの私が、この身このまま仏として生きられる」ことを説き、真言密教によって心が救われ、災いを除き、幸せになれることを主張した。

こうした努力は、人々に活力を与え、自覚を与え、新鮮な魅力を与えたのである。もちろん、これが空海という見識のある人物によって説かれたことも、密教が広く支持された大きな原因であった。空海の手によって、理性と感性の両面から宗教的な満足を与えてくれる宗教として密教は支持された。その真言密教の柱の一つが即身成仏である。その大成者である空海の生涯が、深い反省とたゆまぬ努力に支えられているとすれば、即身成仏の考え方も、同様に、謙虚な反省と努力の生活を続けている人に道が開けるとするものである。

かつてわが国の文壇のリーダーであり、文藝春秋社の創始者でもある作家の菊池寛氏は、空海について次のように述べている。

日本の精神界の偉人として、また郷国讃岐《さぬき》の大先覚としての弘法大師の事蹟《じせき》に親《した》しんでいるうちに、段々その教理的方面にまで心が引き入れられてきた。その教理の骨格をなす即身成仏ということばほど、大きな自尊心を人間に与えるものはあるまいと思う。文芸も宗教も科学も、一切がここに落ちつくような気がする。もっとも浄土教では極楽へ行ってから成仏すると教えるそうだが、現世で成仏するほうが、我々には意義深い。とにかく、この即身成仏思想は、仏教を最も偉大な宗教にしているといえよう。その意味で弘法大師の教義は実に雄大だと思う。『十住心論』はずいぶんむつかしいものだが、しかし、動物や人間がさとりつくして成仏するまでの道程を十の段階に分けて批判・説明してあるのは弘法大師が日本の宗教家の中で一番頭がいいことを示している。この教義を知れば、たとい弘法のように定《じょう》に入って即身成仏ができないでも、人間としての自覚をある程度まで向上させ得ることは確かであると思う。(菊池寛著『十住心論——弘法大師と其宗教』大東出版社刊、昭和五十三年再刊)

香川県出身の菊池寛氏は空海を深く崇敬《すうけい》していたが、この率直なコメントはなかなか味わい深い。

大乗仏教から密教へ

十住心思想は空海の構築した一大パノラマであり、分裂と抗争をはらんだ平安初期の思想界と宗教界に、広い意味での統一と平安の道のあることを示した。しかし、この十住心思想を、より狭い仏教教理の上から見ると、その骨子は、大乗から密教へという思想の展開を明らかにしていることがわかる。

つまり、十住心の第六から第九までに相当する法相、三論、天台、華厳の四家大乗《しけだいじょう》と第十の真言密教の関係を明確にしていることである。すでに触れたように、四宗のうち法相、三論の二宗はインドで成立し、中国に移入され、天台、華厳の二宗は、中国僧の手によって中国で成立した。そしてこの二種の大乗仏教は互いに自己のすぐれていることを主張し、中国において議論され争われ、空海の頃までには一応の決着がついていた。これがすなわち三乗一乗の争いとか権実《ごんじつ》の争いといわれるものである。

つまり華厳、天台は、一乗教（仏に直入《じきにゅう》することを目的とする）であり、真実の教えであり、法相、三論はこれに対して三乗教（菩薩としての人生を強調する）であり権教《ごんきょう》（劣った教え）だという主張である。この対立は、平安初期のわが国にも遅ればせながら引き継がれて、最澄と奈良仏教諸宗の間ではげしくたたかわされたが、最澄の入滅（弘仁十三年〈八二二〉）とともに消滅していった。最澄は、法相宗等は三乗教で権教であり、天台こそ真実なる一乗教であるとし、続いて奈良諸宗の戒律は小乗戒であり、わが国の仏教は大乗仏教だから、『梵網経《ぼんもう》』などによって新しく大乗戒をたて、大乗戒壇《かいだん》を比叡山に建立《こんりゅう》し、天台の仏教を奈良の勢力から切り離そうと考えた。最澄のこの願いは入滅後七日目に許可され、ここに活発な論争は終わった。

しかし、真言密教の立場にある空海にとって、これらの問題はすでに解決ずみのことであり、この論争にはまったく加わる必要がなかった。たとえば三乗一乗権実の問題にしても、空海はたしかに一乗教の優位は認めるものの、一乗も三乗もそれなりに有用であって、いずれも密教から見れば顕教《けんぎょう》の分際《ぶんざい》に過ぎないのである。また、戒律の問題にしても同様で、小乗戒も一般的に守られるべきであり、真言密教では独自に、三昧耶戒《さんまやかい》という密教の戒律を立て、小乗戒と三昧耶戒の両方を守るべきであると定めている。平安初期のこの論争が平穏のうちに終わったのは、最澄の入滅もさることながら、両者の背後にこれらを包括《ほうかつ》しそれらを超えた密教の立場があったことが大きな原因であると思われる。

空海は十住心の中で、中国で決着《けっちゃく》していた一乗教優位の立場を受けて、法相、三論の上位に天台、華厳を置いている。では、天台と華厳の両宗を、どのように順序立てたらよいのか、これが空海の大きな課題であったと思われる。この両宗はともに一乗教であり、天台は『法華経』、華厳は『華厳経』というそれぞれ大乗経典を根本所依《しょえ》にしている。これらに順位をつけるのはまことに難しい。

空海が十住心を立てるに際して参考にした『大日経疏』には、『法華経』『華厳経』について述べているが、天台宗・華厳宗の教義まで説かれているわけではない。そこで空海は、天台宗は智顗《ちぎ》の主張、華厳宗は法蔵《ほうぞう》の主張を比べることにし、智顗の五時《ごじ》教判、法蔵の同別二教《どうべつにきょう》の教判を並べて検討して、同別二教の華厳の教判を応用したと考えられる。この要点は次のようである。

法蔵の『華厳五教章』によれば、一乗教に同教と別教の二種が考えられ、その内、同教一乗とは、三乗教を認める一乗であり、天台宗が該当する。それに対して華厳宗は、三乗教とは明確に一線を画した別の立場を主張しているから別教一乗であり、その意味から別教一乗が上である。さらに別教一乗の中に二つある。縁起因分《えんぎいんぶん》と性海果《しょうかいか》分《ぶん》であり、前者は普賢菩薩《ふげんぼさつ》の境界であり、後者は十仏の自境界であって説くことも知

一乗教
- 同教一乗……………………第八住心……天台宗
- 別教一乗
  - 縁起因分……普賢菩薩の境界……第九住心……華厳宗
  - 性海果分……十仏の自境界……第十住心……真言宗

ることもできないものであるという。

空海はここに着目したと考えられる。つまり、この理論によると一乗教は三つに分けられる。第一に同教一乗、空海はここに天台宗の教義を置いた。第二に別教一乗のうちの縁起因分、これを華厳宗に置く。そして性海果分たる十仏の自境界は、華厳では説くこともできないし知ることもできない、といっているが、それこそ密教の分際である。華厳では説くことのできない部分を法身大日如来は説く、という。空海のこの考えは特に自身では述べていないけれども、同別二教については第九住心で紹介しているので十分に参考にしていたと考えられる。これは空海の工夫についての筆者の絵解《えと》きと考えていただきたい。

天台、華厳、真言と段階をつけるものの、教義の上から見ればいずれも一乗教であり、広く深い主張をもっていて、三者は肉迫している。しかし、具体的な方法、手だてとなると密教は天台、華厳とはかけ離れた特色をもっている。事相《じそう》という仏に祈るさまざまな手だてである。仏の前で護摩《ごま》を焚き、修法《しゅほう》し、手に印を結び、口に真言を唱え、心に仏を観《かん》ずる。そして大願成就を祈願し、亡くなった人々の冥福を祈るのである。人それぞれの願望を広く受けとめそれらの願いの成就に向けてひたすら祈る、これが密教の極致である。

密教はインドで発生したと考えられるが、本来、密教の中核となっているのは、ここにいう事相の世界であり、人間の率直な願望を大きく受け止めてその実現を期してくれることにある。しかし、七世紀に入って、『大日経』や『金剛頂経』が成立すると、密教の様子が変わり、かなり明確に密教の主張が説かれる。曼荼羅が説かれ、その中央に位置する大日如来が浮き彫りになってくる。唐の時代を経過して密教僧によって手が加えられ、大乗仏教の思想や教学も取り入れられて、次第に明確な指導原理が成立する。しかし、こうした中唐の先達たちの努力にもかかわらず、中国では真言宗の明確な教義は成立していないのではないかと思われる。唐の朝廷において、たしかに密教僧は高い評価を得ていた。しかし、加持祈禱の集団ということで、華厳宗とか天台宗と背くらべするようなことはなかったのではないか。密教経典には「真言陀羅尼宗」という名前が見られるが、内容的にはどうもまだ明確さが足りなかったように思われる。

ここで空海の業績がはっきりしてくる。彼は当時の中国の先達たちの努力を十分に学び、それらをふまえて、新しい真言密教の教判《きようはん》（教相判釈、宗派の主張をはっきりさせ、他よりもすぐれていることを論ずる学問）を確立した。空海の十住心思想や顕密教判によって、真言宗は、華厳宗や天台宗すらその一部だといえるようになった。

空海は曼荼羅を大きく展開させて十住心思想を主張した。そのためにこそ、真言宗は世界平和を主張することが可能になる。いわば空海は、密教を大乗仏教だけでなくすべての人類の価値の帰着点であり原点である、というところまで持っていくことに力を尽くした。空海によって密教は生まれ変わったといってよい。理性と感性、知情意のすべてにわたって宗教的満足を得られる密教になった。

だから、私たちが密教を考える場合、常に空海の眼力を意識することが必要である。空海に関係のない密教は、近づくべきでない。要注意である。これについては後章で述べるが、密教と名のつく新宗教、新々宗教はまことに多い。それらはすべて空海の眼をとおしていない密教である。それらの末路は、歴史が証明しているとおり、まさに悲惨である。

第三章　空海と現代

一　空海の生き方──引きずられない人──

空海の生涯を通覧すると、いくつかの重要な節目《ふしめ》において、かなり強い決断をくだしていることがわかる。しかしその節目についての文章を読むと、宗教家に特有のかたくなさなど少しも感じられないし、一つのことを信じ込んでいるという狭《せま》さはどこにも見られない。いつもこだわりなく、悠々と人生を歩み真実の大道を求め続けている。その生き方はまことに爽《さわ》やかで、こういうアプローチならば自分も宗教というものをまじめに考えてみよう、という気になる。

こうした空海の生涯はいろいろな角度から表現することができようが、私はいま、「引きずられない人」といいたい。千二百年も前の、身分制度の厳しい制約のもとにあって、かくも自由に堂々と生き抜いた空海という人物に、かぎりないあこがれを持つのは私ばかりではないだろう。「引きずられない」ということは、当然のことながら、見えないところで数えきれない忍苦と努力があるはずなので、裏をかえせば「忍耐と努力の人」ともいえるのである。とかく引きずられやすい私が、空海の生涯の節目から受ける卒直なイメージを書きつづって空海のデッサンとしてみたい。

まず第一に空海は当時の大学の教育方針にまったく引きずられていない。せっかく入学できたわが国でたった一つの大学を中退してしまうのである。当時の大学は、家名の繁栄と立身出世に価値を置き、儒教を中心に教えていたが、成績のよい空海は、黙って卒業すれば高級官僚の道は約束されていたはずである。しかし大学の友人たちをはじめとする高級貴族の子弟の生活に強い批判の目を向けている。それは『三教指帰《さんごうしいき》』に登場する蛭牙《しつが》公子の紹介の中に、あるいは『秘蔵宝鑰《ひぞうほうやく》』『十住心論』の第一住心に示される文章などに、はっきり説かれている。そして大学を中退したばかりに、朝廷からは危険な人物としてのレッテルを貼られる結果となり、のちの人生に大きな影響を及ぼす。

第二に空海は既成の仏教宗派に少しも引きずられていない。空海が青年時代に仏教の手ほどきを受けたのは法相《ほっそう》宗とか華厳《けごん》宗の僧侶であったはずである。密教の師はいなかったし、それ故にこその入唐《にっとう》であった。通常ならば奈良諸宗の教理に当然染まるはずが、出家の宣言書ともいうべき『三教指帰』には、奈良諸宗のことはなにも説かれていない。そこには、大乗仏教の基本精神ともいうべきものが主張され、一宗一派ている。にまったく引きずられていない。ここにも原点を追求してやまない空海の姿勢が現れている。

第三に、国家の権力に少しも引きずられていない。当時、正式な僧侶となるには、国家の定めた戒壇において戒を受け、それが朝廷に受理されなければならなかった。しかし空海の場合は、二十歳の頃に、彼が尊敬し、師事した僧侶のもとで出家しているだけで、いわば私度僧《しどそう》であった。彼自身はそれでよいと思っていた。留学生《るがくしょう》に選ばれて中国へ渡るために、難波（大阪）の港を出るわずか一週間前になって東大寺戒壇院で受戒し正式な僧侶となり、肥前国（長崎県）田の浦に向けて出発した。その上、正式の留学生は中国に二十年滞在しなければならないにもかかわらず、師である恵果《けいか》和尚《かしよう》の遺言にしたがって、わずか三年で帰国してしまう。

これも闕期《けつき》の罪を犯すことにつながり、帰国後の将来はまったくないばかりか犯罪者となってしまうのである。そのことを十分に知りながら、師の遺命にしたがって帰国する。空海はずいぶん思案したに違いないが、国法に引きずられることなく、自らの志を貫いた。

『秘蔵宝鑰』中巻の十四問答で、空海は、自分のたどってきた人生の中で体験した問題を解決しようとしている。青年時代に大学を中退したこと、二十年の留学生活を勝手に切りあげて帰国したこと、これらはたしかに規則違反には違いない。しかし、仏道に入り、真実の道を求めて大学を中退したことが果たして不忠不孝にあたるのか。このことはすでに『三教指帰』で一つの結論をくだしている。

つまり大忠大孝の道を選んだのである。しかし、朝廷や世間の目は厳しいものがあった。『三教指帰』での自己の決断はそれとしても、『秘蔵宝鑰』を著す五十七歳の時点で、再度この問題に答えを出しておかねばならなかった。留学期間の短縮は、師である恵果和尚の遺命にしたがい、新しい教えである真言密教を日本に持ち帰って大忠大孝の道を実現させるためである。たしかに法律違反には違いない。しかし、自分の身におこった一連の法律違反は、自身には身におぼえのないことであった。法の条文に反することだけで、すべてを一律にきめつけてよいものだろうか、その事情に応じて違法性を検討しなければ本当ではない、と空海は考え続けていた。そして彼の思想の帰着点である『秘蔵宝鑰』の中で、為政者たちに強く反省を求めるのである。十四問答の結び近くの第十三問答で、仏教の戒律と国の法律、この両者をどのように調和すべきか、との設問に対して空海は次のように述べる。

仏教で罪を断ずる場合、これに二種の態度があります。一つは大悲の門で、二つは大智の門です。はじめの大悲の門では、法を犯した者を寛大に扱って、その罪をとがめることをしません。次に大智の門では法の条文にもとづいて厳しく規制して、決して寛大に扱うことはしないのです。国の法律を扱う場合もこれとまったく同じで、寛大に処理して罪をとがめない場合と、厳格に処罰する場合があるのです。これは罪の大小にはかかわりないのであって、たとえわずかな罪でもきちっと処罰すべきは処罰するし、場合によってはその罪をよく調べた上で寛大に扱うべき時は本人の将来を考えて寛大にすることも法の正しい用い方なのです。


これらは空海の、朝廷に対する切実な提言である。大忠大孝の実現のために大学を中退したり、人々を救済するための繰り上げ帰国は、その意を採って寛大に扱うべきであり、一律に罰することは正しい適用ではないと主張する。強い身分制度のもとで、これに引きずられず、これだけの行動と主張ができるのは、大きな驚きである。

第四に空海は、経典の文字面《づら》にも一切引きずられていない。もっとも大切にしていた密教の経典についてすら、その根本精神を大切にすることを心がけて、文字の表現には頓着していない。

誤解のないようにいえば、空海が経典の文句を曲げて使用しているというのではない。経典の根本理念を読み取ってそれを大きく展開している、という意味である。もし経典の文言にしばられ引きずられていたら、真言密教の開宗は困難であったに違いない。

事実、中国では、真言宗の教判が確立しておらず、一つの宗派としての地位はできていなかった、というのがおおかたの推測である。空海は中国で受け継いできた密教に思想的な裏づけを加えて自身の思想を構築し、真言密教として開宗した。こうした闊達な風骨を、文献学者は理解できないため、空海は根本の経典や論疏《ろんしょ》の表現と違っているではないか、としばしば彼らから論難されている。視野の狭い文献学では、空海の闊達な思想をどうしても理解できないのである。ここにも、引きずられない人、空海の面目《めんもく》が躍如《やくじょ》としている。一代の文章家として自他ともに許した空海が、いざとなれば文字にも文章にも引きずられていないのはまことに興味深い。

第五に、自身がもっとも好んでいた書道にもまったく引きずられていない。各方面から依頼されて書をしたためているが、寄贈する書に添えた手紙には必ず、自分にとって書道は余技であって、仏道のために時間をとられて書道の手習いをしていない、しかしあなたのせっかくの依頼で仕方なく書いた次第である、との一文が書き添えられている。留学先の長安でも、第一級の書家の字に親しみながら、それだけに満足することなく、当時まだ評価の定まっていない前衛書道などを大いに好み、飛白体《ひはくたい》などもしきりに書いている。書道の本場中国で「五筆和尚《ごひつわじょう》」と渾名《あだな》され、どんな筆法でも、どんな書でも書ける、とたたえられていたことは有名である。

第六に空海は経済的にもはっきりけじめをつけ、公金を私的に用いたことは一度もない。当時の国家公認の僧侶は、生活費を国家から支給されていたが、空海は四十八歳の時に、親しい友人に手紙を送り、その中で国からの給付をきっぱりとことわり、弟子の将来を依頼し、自分は一人で山に住んで、清貧で自由な生活をおくりたいと書き誌《しる》している。また高野山の建立《こんりゅう》についても、空海個人のいわゆる私寺であるゆえに、国からは一銭ももらわず、多くの人々の寄付によって事業を進めている。したがって常に資金不足で、入定《にゅうじょう》の前年（承和元）になっても工事がはかどらず、一粒の米、一銭の喜捨でよいから協力してほしいとの依頼状を各方面に送っている。高野山が定額《じょうがく》寺《じ》として国の援助を受けられるようになったのは、入定の二十日前であり、真言宗として年分度者《ねんぶんどしゃ》という国家公認の僧侶を置けるようになったのは、承和二年（八三五）正月のことである。

空海は多くの寺院の修復を国から依頼され、別当となって仕事をしたが、これらは皆国立の寺院であるから国費を使うのは当然である。私寺である高野山の建立については一銭も国費を用いていない。空海が公私混同せず、国の財力に引きずられていないことは特に注意すべきである。

以上、「引きずられない人」の理由を述べてきたが、空海の場合、まだいろいろの呼びかたが可能である。「曼荼羅《まんだら》の人」「国際的文化人」「日本の歴史を代表する思想家、哲学者」「天才的芸術家」などなど枚挙にいとまがないほどであるが、その思索と行動は、以後のわが国の精神生活に大きな影響を与えつづけて現在に至っている。

多くの日本人が一宗一派にあまりこだわらず、大らかに生活しており、特に日本古来の神道のカミと仏教のホトケをともに仰ぎ、少しも矛盾を感じないで日々を過ごしているのは、空海の広々とした曼荼羅思想の影響が色濃く作用していると思われるし、亡くなった人は誰でも仏さまと呼ぶならわしも、恐らく真言密教の即身成仏への願いからきていると考えられる。こうした幅広い活動をした空海は、生涯のそこここに「引きずられない人」の特色をのぞかせている。その意味で、「引きずられない人」とは、人間空海の気骨をもっともよく表している表現といえる。

二　空海思想の今日的意義

はじめに

空海の思想と行動は、わが国文化の基礎を作っているという意味でまことに重要である。さらに空海は真言密教の大成者として、わが国に真言宗を開宗《かいしゅう》したことで、弘法大師と尊称され、弘法大師に帰依《きえ》する（全身全霊で崇敬すること＝サンスクリット語でナーモー→南無《なむ》ー）という意味で、南無《なむ》大師《だいし》遍照金剛《へんじょうこんごう》（遍照金剛とは大日如来のことで、空海はかつて入唐《にっとう》中に師に従って灌頂《かんじょう》を受けた際に、自分の守り本尊は大日如来であると確認し、後年、自分のことを遍照金剛と号している。自身が大日如来と一体である、という確信の上でそうなるのである）と唱えられている。

しかし人間空海の魅力や価値は、宗教の世界だけでなく、平安初期という新規まきなおしの時代に、思想の上で新しい体系を構築し、世に提供したことで、広く文化全般にわたって浸透している。密教思想は、中国文化を継承し、さらにこれを消化して日本独特の文化を形成した人々の各方面の文化的成果に深く影響を与え、その後の日本人の精神生活の基盤となった。

整理してこれをいえば、日本固有の文化の原点は平安初期であり、その時代の重要なポイントが空海だということになる。一般的にいえば、千二百年も時代がたっていると、まったく使いものにならないほど過去のものになってしまうが、空海の思想は、漢文で書かれている点を除けば、きわめて新鮮で、現代にそのまま通用するものが多い。身分制度の強力な時代に、かくものびのびと、深く広く思いをめぐらした空海という人物に強いあこがれを抱かざるを得ない。

とはいえ、なにしろ千二百年も前の思想であるだけに、思考の素材も現在とは異なり、必要な部分は現代に則して補う必要がある。現代語訳も必要だろう。しかし思考の原点は、極めて今日的である。それはなぜか。空海が、常にすべてのものの原点を追求していたからである。時代と共に世相は変化し、価値観も変わっていく。しかし人間の原点にはなにか変わらないものがある、という確たる信念が空海の思索の根底にはある。それはこの世の創《つく》り手という神話の神などではない。そのような神話はとうてい信じられない。神話を信じる宗教は東洋人にはどうもあきたりないし、くいたりない。十住心でいえば第三住心から第四住心への心の転昇である。仏教にたどりついた心は、小乗から大乗へと進み、やがて人類の心の原点たる法身大日如来に到達する。この思索は、自由に、広く、深く求めていく人なら必ずたどる筋道であって、多少の紆余曲折《うよきょくせつ》はあっても、大筋では変わらない。

このような空海の特色を、いまは亡き司馬遼太郎氏は次のように述べている。

私がここに空海の話を持ち出したのは、日本人の歴史の中でいろんな人物がいて、空海というまれな普遍的存在を他の人物と比較したかったからです。たとえば極端な例は西郷さん。これは日本の西郷ですね。人類の西郷じゃない。本居宣長も日本の本居宣長であり、聖徳太子も日本の聖徳太子である。けれども空海だけは人類に通用する。自分は人類の普遍的なものを知っている、宇宙の普遍的なものを知っている、そんな人物は空海しかいなかった。つまり〝日本の何々〟などは考えなかった。彼は人類の次元以外は考えなかったと思いますね。それ以後はだめなんです。それ以前もあまりない。空海がただ一人の存在でしょう。文化人だけでなく、政治家も含めて〝人類の〟と名づけられるただ一人の人です。

（朝日新聞社刊、『日本人の顔』より）

司馬氏のいわれるように、空海の求めた価値は、時間と場所を超えて妥当する価値であり、その価値は、ただの価値ではなく、空海はそこに大いなるいのち、限りなく高い人格を見出した。いのちとは人格である。大乗の諸仏もみな限りなく高い人格だが、それらは仏身でいえば報身仏《ほうじんぶつ》（前章を参照のこと）である。それらの根本に法身《ほっしん》を見出し、法身大日如来を真実の仏身として仰ぐのが真言密教であり、その筋道をはっきり理論づけたのが空海なのだ。以下に、空海の主張と現代のわれわれとの接点をまとめてみよう。空海の現代性を知り、その視点がわれわれと深い共通点のあることを確認してみたい。

心の自由

前項で空海を「引きずられない人」と呼んだが、実際に空海ほど人間の自由な心を大切にした人はいないと思う。まさに「引きずられない」のと「自由な」のとは同義である。しかし、自由なのと勝手気ままなのとは大きく異なるのであって、本能の趣くままの生活は、すでに第一住心として認めるものの、ただちに反省が加わって第二住心を願うことが期待されている。そして仮に空海が第一住心で滞《とどこお》っていたとすれば、十住心思想は形成されなかった。

とすれば、空海の心の自由とはどのような意味なのか。人の心は常に一時もとどまらず流動しており、常に反省を加えつつ真実に向かって動き続けるものである、と見ている。心は遍歴を続けることによってこそ前進できる。時には後退し、そしてなかなか進まない、まことに不安定なものである。こうした内心の微妙な動きに、十住心思想はあたたかい共感の眼をもって接してくれる。

いま一般に大きく誤解されていると思うのは、宗教を持つことが、ある特定の神をやみくもに信じること、と受け取られている点である。マスコミに登場する宗教家や霊能者といわれる人々を見ていると、自信満々の熱意はよいけれど、あまり心の程度が高いようにみえないし、自分たちの心の程度を善男善女に押しつけて、コンクリートで信者の心をかためて動かなくしてしまうように見えてならない。社会問題を起こす宗教や、公序良俗を乱すような宗教はもってのほかだが、神話の神を信じ込ませる宗教のわがままさと、非寛容な心にも日頃から、へきえきしている。

わが国に仏教が導入されてから約千五百年。この長い年月の間に日本人の心には神道のカミと仏教のホトケが共存しており、その結果、日本人は広くてのびのびした精神生活を過ごしてきた。ある時は神前に拍手《かしわで》を打ち、ある時は仏前で合掌する。年中行事も四季おりおりに配列され、正月とお盆、春秋の彼岸を柱に、ひな祭り、端午の節句、節分、七夕、鎮守の祭りから七五三、そして除夜の鐘まで、人々は、家族の安全と子供の健全な成育を祈りつつ生活している。そしてご先祖さまへの感謝と、冥福をも祈るのである。

こうしたのびのびとした広い宗教観は、一部の宗教学者の言うような原始的な雑居的な宗教形態などではなく、むしろもっとも望ましい宗教生活のかたちであると思う。日本人の多くの識者に、こんなにたくさんの宗教があるのをどう思うかと問えば、皆《みな》口を揃えてこう答えるであろう、「真理は一つなんだから、そこに到達する道はいくつあってもよいであろう」と。たしかに富士山に登るには、吉田口だけではなく、いくつもの道が考えられる。登り口は自分の選んだ道だけしかなく、あとは皆間違っていると見るのは偏見であり狭い見方である。

日本人の多くが伝承して生かしているこの広さを、日本古来の神話の世界と神道に由来する、と見る学者もあるが、私はむしろ、平安初期の空海の十住心思想（曼荼羅思想）の影響のほうが強いのではないかと思っている。あらゆるものに真実を見出し、日常に高い低いの価値判断をしながら、それらの原点を追求していく空海の思考は、日本人の今日の精神生活にあてはめても実に無理がないし、宗教の違いが原因で対立し抗争している国際情勢を見聞きするにつけても、彼らに対して、釈尊の寛容の精神、聖徳太子の和の精神、そして弘法大師空海の曼荼羅思想の重要さを思うのである。

真の心の自由と平安こそ、人類のもっとも願うべきものであるが、これまでの世界の多くの宗教は、教理の上でまったく非寛容である。そして非寛容な宗教を持ち続けている限り、彼らには、世界の平和、人類の安寧などを説く資格などない。空海の寛容さは、人類共通の原点を追求してやまない姿勢から涌き出る真実の広さと深さである。

共生の理念

すべてのものに真実を見出すという空海の曼荼羅思想から直接的に出てくる見方は、無駄なものはない、ということである。空海の人間観では、人類は一人の例外もなく、法身大日如来と同体である。『即身成仏義』については前章で述べたが、仏の中の仏、如来の中の如来である大日如来は地・水・火・風・空・識という六大によって構成されている。つまり六大所成《ろくだいしょじょう》であり、私たち凡夫《ぼんぷ》も六大所成ということで、大日如来と不二である。さらに姿とはたらきの上からみても同様であり、体《たい》・相《そう》・用《ゆう》（本質と姿とはたらき）の三方面から見て大日如来と等しいのである。

しかも、自然環境である草木国土も、残らず法身大日如来の身体であり、姿であり、はたらきである。したがって、自然観も人間観と離れたものではない。空海にいわせれば、人間も自然も、一木一草、蒼天を飛ぶ鳥も、深渕に泳ぐ魚も、なにもかも、大日如来を離れたものではなく、大日如来そのものである。「六大法界体性《ろくだいほっかいたいしょう》とは、如来の三昧耶身《さんまやしん》なり」とはその意味である。しかし、このような深い見方は、通常の眼力《がんりき》では無理なので、如来の秘密眼《ひみつげん》、密教眼を養わねばならない。そのためになにか難しいことをしなければならないかというと、決してその必要はない。自分はたしかに煩悩にまとわれている凡夫であるけれども、そのままの姿で、少しも変えることなく、大日如来なのだと気づきさえすればよい。自分は仏と同体であるという深い理趣に気づきさえすればよいのである。

俳聖と讃えられる芭蕉翁のことばの中に、「静かに見れば、物みな自得す」とあるが、これはなかなか深い意味があるように思われる。なんでもない一本の草、一つの石ころといえども、より深い洞察力と、芸術的な眼で見れば、皆それぞれ自分のありようをもって存在するのであって、無駄に存在しているのではない。芭蕉翁が曼荼羅的な思考を持っていたとは考えにくいとしても、あらゆるものに深い暖かいまなざしを向けていた俳聖のことばは、空海の視点と符合するところが多い。

近年、産業や工業の発達にともなう自然破壊、廃棄物による汚染など、いわゆる環境破壊が問題になっているが、その限度についてはどこで一線を画すか難しい。しかし、空海の主張するように、人間と自然を含めて、地球も宇宙も、一つの総合的な有機体と受けとめ、「如来の三昧耶身」と見ていくことが、根本的に要求されるのではないか。人体についていえば散髪や爪切りなど、捨てながら調整する場合もあるように、自然界もある程度の調整が必要かも知れないが、この地球を、自然を、おおがかりに破壊することは許されるべきではなく、断じて許してはいけない。

日本の場合をふりかえっても、敗戦からの五十年間は、なんとか皆で努力して産業を興し農業を興しながら食べるための道を開いてきた。既成の仏教教団も、その方向を支持し協力してきたと考える。けれどもこれからはどうも今までのようにはいかないという反省が出てきている。産業の発展に付随する環境破壊が起こり、自然が汚染されてきている。空海のことばを使えば、大日如来の三昧耶身が傷つけられ損なわれている。これは看過できないことである。

では一体、科学の発展はどこかでチェックできるものであろうか。あるいは野放し状態でこのまま未来へと、突っ走ってしまうのであろうか。もちろんある程度は倫理的基準によって押さえることもできるであろうが、科学者たちの意欲を押さえることは難しい。原爆が水爆に発達し、さらにいま新しい破壊爆弾を開発しているように、人間の欲望は果てしなく続くのである。科学者のホーキンス博士は、未来の人間は、科学の大きく発展した世の中を作り、人類自身が環境に合うように自分自身を作り変えていくであろう。コンピューターの性能も極めてすぐれたものになり、コンピューターがまた新しいコンピューターを創り出していくであろう、と講演されたという。なかなか理解しにくい話であるが、未来には人類はずいぶん大きな変革をなし遂げるであろうことが予測される。しかしどのように変化しようとも、どんなに長生きするようになっても、人間が存在する限り、無常なる人生が続くのであり、どんなに便利な世の中になっても、逆に住みにくい、めんどうな、やり切れない人生が続くのである。

ある評論家は、世の中が一つ便利になれば必ず二つの不便さが生まれる、と述べていることを考え合わせても、人間の本質的な問題は片づくどころか増える一方ではないか。人間の問題が残るとすれば、たとえ未来がどのようになろうとも、それを解決するための方策を考えなければならない。つまり、人間の問題を根本的に解決するための思索（宗教を含めて）は必要なのである。むしろ、科学が発達すればするほど、本当の宗教が必要になってくるはずであり、逆に人生の真実に迫れないものはやがて消滅してしまうに違いない。空海のように、人間の原点を追求していく思考こそ、ますます必要になる。

なにが本質的でなにが付随的なものか、なにが正信でなにが妄信なのか、そこにはっきりした一線を引くのは難しいであろうが、しばらく観察してみれば、自ずから明白となる。釈尊八十年の生涯や、空海六十二年の生涯を知り、この二人がいったいいかなる価値を求め続けたのか、と考えた時に、その努力は、人間が存在する限り、光を掲げ続けてくれるように思うのである。

仏の探究は人間の探究

仏教にとってもっとも大切なよりどころは仏陀《ほとけ》であるが、どのような仏陀を真仏(真実の仏陀)と受け取るかによって、小乗、大乗、密教の区別ができる。真実の仏陀は常に一人である。小乗仏教ではこれを釈尊だと考え、釈尊以外は仏陀ではないとする。大乗仏教では、釈尊を核としながら永遠なる仏陀を探究し、それぞれの立場からそれぞれの真実なる仏陀を発見した。

ある人々は東方に瑠璃光《るりこう》世界と薬師如来を見出し、ある人々は西方に極楽浄土と阿弥陀如来を見出した。十方にそれぞれ仏陀を見出した結果、大乗仏教では多くの如来が発見されたが、自分の求めた仏陀以外の如来は一切関心がない。さながら多神教のように多くの仏陀が発見され、菩薩も同様に多いが、大乗教徒たちは、その内の一仏を真仏と仰いでいる。これらの十方一切の仏陀を統合したのが真言密教の大日如来である。

空海によれば、釈尊は大日如来の変化身《へんげしん》であり、大乗の諸仏もすべて大日如来の報身であり、他受用身である。つまり一切の諸仏諸菩薩は、大日如来の身を変えた姿であり、大日如来の一智一徳を表しているにすぎない。このいきさつを表したのが真言密教に伝わる胎蔵界《たいぞうかい》、金剛界《こんごうかい》のいわゆる両界《りょうがい》曼荼羅で、この二枚の曼荼羅の中央に位置するのが法身大日如来である。いうまでもなく真言密教では、真仏は法身大日如来一人であり、他の一切は大日如来の身を変えた姿にほかならない。

その大日如来は、六大を本質とし四曼の相を備え、三密の活動をしている。しかもその五智は無際限に遍満し、あらゆるものにまで行きわたっている。もちろんわれわれも六大所成という意味で大日如来と同等であり、凡夫も法身大日如来も、混然一体となって、両者の関係は無礙自在《むげじざい》である。われわれを離れて大日如来はないし、われわれの存在も大日如来を離れてはあり得ない。両者は無二無別である。この深い理趣に到達することを即身成仏という。しかも空海によれば、一般に顕教では、悟るとは心が悟るのであって肉体は関係ない。これに対して真言密教では、心だけが悟るのではなく肉体を別にしない。つまり、心も身体も一緒である。この煩悩にまとわれた肉体そのままで、即身成仏思想に徹すれば、大日如来である。こうなると、仏陀を探究することはとりもなおさず自身を探究することと一致するのであり、『大日経疏』にいうように、「実の如く自心を知る」のもこの趣の一端を示す。

とにかく、自分自身をみつめ、探究することが、真言密教の中でもっとも大切なことである。他に求めても決して得ることはできない。それは木によって魚を求めるようなものである。

『理趣経』の人間観

空海のいうような、人は誰でも仏陀《ほとけ》、というテーマをみごとに説き尽しているのが、『般若理趣経《はんにやりしゆきよう》』である。『金剛頂経』系統に属する密教経典の一つで、現在真言宗で常に読誦されるが、即身成仏思想の重要な典拠になっている。この経の意義を読み取ることが空海思想の理解に直結しているので、古来この経を注意深く取り扱い、文字面《づら》で理解することを厳しく禁じている。読誦する際も、他の経典、たとえば『般若心経』や『観音経』(『妙法蓮華経』観世音菩薩普門品第二十五)などは呉音で読むのに対して、『理趣経』だけは、わざわざ漢音で読ませて、他の人に簡単に理解させないようにしているほどである。

誤解を避けるためにいまこの『理趣経』について触れておこう。『理趣経』の具名《ぐみよう》(本来の名前)は、『大楽金剛不空真実三摩耶経《たいらくこんごう》　般若波羅蜜多理趣品』といい、『般若理趣経』とも呼ばれる。経題の「大楽金剛」とは金剛薩埵《こんごうさつた》の異名で、大楽大貪染《たいらくだいとんぜん》の境地に住しているゆえにこう呼ばれる。「不空」とはとぎれることのない意である。つまり、金剛薩埵の、同断のない、真実の、大楽大貪染の本誓《ほんぜい》を説いた経、である。では大楽大貪染の境界《きようがい》とはなにか。これがこの経の深旨《じんし》である。

本来、貪《とん》とはむさぼりの意味で、仏教ではこれを根本煩悩《ぼんのう》の一つと考えている。したがって名誉や地位や財産を貪愛《とんあい》することも、男女の恋愛も、親子・兄弟・友人の関係まで、貪煩悩に属する。『倶舎論《くしや》』という論書には、「諸々の苦の所因は、貪欲を本と為す」とある。こうした煩悩を根本から断ち切ることが解脱への道だと考えている。ところが真言密教では、一概に貪愛を断滅しようとはしない。もちろん凡夫の我執《がしゆう》に満ちた貪愛は否定するけれども、見方を変えていえば、仏陀の広大無辺な慈悲や救済の力は、エネルギーとしてみれば、じつはわれわれ凡夫が罪悪を犯す原動力となっている貪愛や煩悩が拡大され浄化されたものにほかならない。したがって、貪愛そのものは断滅すべきものではなく、むしろ貪愛を教化し醇化《じゅんか》し拡大して、仏陀の大慈悲に変化させることこそ大切であるという。「煩悩即菩提、生死《しょうじ》即涅槃」という深い理趣を具体的に説いているのがこの『理趣経』である。

その説き方もきわめて特色があって、金剛薩埵の自らの心の境界(自内証)をそのまま赤裸々に説き、人間の心に内在する五欲六塵の境界を、ただちに金剛薩埵の浄菩提心の体性《たいしょう》そのものだと述べる。

言い換《か》えれば、『理趣経』は、当相即道の真理趣を説いている。鷺《さぎ》は白いまま、からすは黒いまま、そのままの姿が当相であり、これをそのまま菩薩の心と受けとめるのが即道である。世間の凡夫の妄想の当相をはっきり認識し、それはそのままで、浄菩提心の功徳《くどく》とする。

『理趣経』は十七段からなっており、初段の中に序文が含まれているので、合計十八会《え》に分けられる。この一会ずつが一軸の曼荼羅に図示されており、密教の特色となっている。

顕教と密教の区別についてはすでに前章で述べたが、いま『理趣経』を中心に考えてみよう。小乗仏教では、仏陀は釈尊ただ一人であるから、経典もインドに出現された釈尊の説法を中心とするが、大乗仏教になると、釈尊の生涯の本質をとってその普遍的な意味を、自由奔放な筆勢で書き表している。大乗の諸仏は、いわば永遠の仏陀でありさまざまな如来が中心であるから、たとえ経典の上では小乗仏教の場合と同じように、釈尊が一時《あるとき》、たとえば霊鷲山《りょうじゅせん》で説法されたとあっても、特別に釈尊の生涯にこだわってあとづけする必要はない。一時とあっても、特定の時を示す必要はない。そしてこれが密教の経典になると、他の大乗経典と比べてさらに本質的かつ普遍的なものをとらえようとするために、時と処をまったく超越して受け取るのである。

一般に経典には最初に序文がある。「如是我聞《にょうぜがもん》」にはじまり、この経が伝聞でなく確かに仏陀が直接説かれたことを示し、続けて「誰が」「いつ」「どこで」「誰を相手に」説かれたかを明示している。なかには『般若心経』のようにそれを省略している経典もあるが、それはあくまで省略である。

さて『理趣経』のように密教経典は法身大日如来が説いて、その時についても、「一時《あるとき》」と書かれているけれども、これは過去、現在、未来の三世にわたって常恒《じょうこう》に説法し続けているから、一時とは「一切時」を意味する。つまりいつでもの意である。

その場所についても経文には「金剛法界宮《こんごうほっかいぐう》」とか「他家自在天宮《たけじざいてんぐう》」と書かれているけれども、実は「一切処」を意味していると受け取るのである。すなわち正式な密教の説法であれば、その時が「一時」であり、その場所が「金剛法界宮」となる。まことに要領を得ない漠然とした話のようだが、これが密教の世界に入るための重要な見方なのである。この深い趣《おもむき》は、さらに別な言いまわしをすれば、「即事而真《そくじにしん》」(事に即して而も真なり)である。これ以上の説明は不可能であり、あとは真言密教の儀式に参加して結縁灌頂《けちえんかんじょう》を受けたり、護摩《ごま》に加わって祈願をしたり、実際に体で感じるしかない。

古来真言宗では、『理趣経』を読む際には、注釈書である『理趣釈経』(不空訳)をわきに置いて、その手引きによって読むことが要求されている。つまり一般的、常識的な視点では、『理趣経』の世界には入れないし、入れたと思っても、それは多くの場合、とんでもない落とし穴に落ちてしまう。その深い趣を理解しない者が、『理趣経』についてまことに大間違いな解説書を出版しているが、それらの多くは、欲望の肯定だとか本能を謳歌《おうか》するとかいったたぐいのものばかりで、到底読むにたえない。真言密教の真の理趣である「当相即道、即事而真」の深さは、尋常のものさしでは計れないのである。

あえて筆者が付言すれば『理趣経』は両刃《もろは》の剣であり、もし間違った理解をするならば、ただちに自身を亡ぼすことになる。そうした例は、過去にも多くあったし、現在も危険きわまりない考えを持つ教団が多く存在し、秘密金剛乗等と名乗って、善男善女をまどわせているが、これらは皆、空海や不空といった人々の努力を無視し、自らの浅薄な理解力で経典の文言《もんごん》の表層部分だけを取ってその結果、大きな誤りを犯している。

しかし本章で、空海と現代との関わりを述べるに際して、筆者がなぜ『理趣経』を持ち出したかといえば、現代のわれわれにもっとも闕《か》けているのが、『理趣経』の精神ではないかと思うからである。真言密教の広さと深さを代表する「理趣」の世界こそ、われわれを、もっとも人間らしい、いや人間としてもっとも真実のあるべき姿に近づけてくれるものと思う。それには真言密教の世界に飛び込む必要がある。「当相即道」は真言密教の世界だからである。

しかし、繰り返し述べるように、うっかり密教だからといって飛び込むと、誤って恐ろしい地獄に入り込んでしまう恐れがある。それが真の価値ある世界をめざすものか、あるいは地獄かの見極めはどこでつければよいのか。ここで声を大きくして断言したいのは、その規準こそ「弘法大師空海」に設定すべきである。つまり、空海がかかわり、空海の心を通過し、空海に認知された密教（これは多くの密教の中のただ一筋の密教である）なら安全である。逆に言うと、空海が納得していない密教は、正しいという保証はないのであり、われわれは無責任にすすめることはできない。空海をバロメーターにして密教の不思議な世界に入って行くことが肝要である。

『理趣経開題』で空海は言う、「自受用《じじゅよう》の五智及び十七尊、自受用法楽のゆえに、自眷族とともに、各々自証の三摩地《さんまじ》法門を説きたもう。四種の曼荼《まんだ》は帝網《たいもう》に同じく交映し、三密の智印は錠光《じょうこう》とともんじて互入《ごにゅう》す。もしよく受持し、思修すれば、三大劫《だいこう》を経《へ》ずして十六大生《だいしょう》ないし現生に、如来執金剛《しゅうこんごう》の位を証す。経の大意大躰かくの如し」と。

文の大意は次のようである――法身大日如来は自ら覚《さと》りの境地におられるそのままの姿で真実の法を説いているが、その身体はあらゆるところに遍満しているわけで、ひいてはわれわれ一人一人の身体と行動にまで行きわたっているから、この経を大切に受持し、深く思い、思慮深く行動すれば、われわれの本質は大日如来の本質と変わらず、われわれの行動はそのまま大日如来の行動と等しいのであり、時間など問題ではなく、父母から受けたこの身体そのもので大日如来として生きるのである。『理趣経』はこうした密教世界の理趣を説いている。

以上のように『理趣経』の根底には、即身成仏の思想が秘められている。われわれは本来、誰でも仏陀《ほとけ》という基本理念を、心の底に持ちたいものである。人間は本来どうしようもなく救われがたいものだ、とか、人間は死んだらゴミになるだけだ、という近年の流行の考えには、筆者はどうもついて行く気になれない。たった一度のかけがえのない人生をそんな寂しい人生観で送って、くいが残らないのか。空海の説くような、のびのびとした心の自由と心の平和、そして煩悩のかたまりのようなこの身体そのままで、本来仏陀なのだという底抜けの世界こそ、われわれの心情としておきたい気持ちが強いのである。

われわれは本来仏陀なのだから、何をやってもよい、という居直りは正しい理解ではないであろう。いや、それは即身成仏に対する誤解である。すでに述べたとおり、人間は謙虚でなければならない。また即身成仏は単なる思いあがりであってはならない。世の多くの事例を見ても、本当にこころから謙虚になれる人こそ、逆に本当の自信を持てる人である。空海が『即身成仏義』の中で、「(仏と凡夫とは) 不同にして同なり、不異にして異なり」と述べているとおり、勝手な自信は、自信喪失と同様に即身成仏にはほど遠いのである。

祖先を敬い神仏を尊ぶ――日本人の美風の維持――

大多数の日本人の心には、カミとホトケが共存している。カミとはキリスト教でいうゴッドではなく、イスラム教のアラーの神でもなくて、古来敬われている神道の神である。日本の神々は一神教の神とはまったく異質であり、受け取られ方が大きく異なっている。『古事記』や『日本書紀』にあるように、神話が説かれ、創造神話であるが、キリスト教やイスラム教とは違って、まことに人間的に説かれており、それを受け取る日本人も、日本の誕生にちなんだなつかしい物語として心にとどめている。わが国の神道が西欧でいう「宗教」にあてはまるのかという疑問は、常に提示されている。

思うにわが国古来の神道は、宗教というよりも日本人の心の故郷《ふるさと》であり、これを祭ることは日本人の長い間に培われた根強い習俗といえるものである。日本各地で催される各種の祭りは、近代化の社会にあって年ごとに盛んであり、仏教の行事である盆や彼岸とともに、日本人の精神生活の基調となっている。これらは神道の本来の広さのゆえであり、仏教の広さのゆえでもあり、特に仏教に関しては、聖徳太子が、大乗仏教の根本精神を把握して、和の思想を提唱した努力によるところが大きいと思われるし、加えて空海の主張した曼荼羅思想の広さと深さの影響が大きいと思われる。一つの心の中にカミとホトケが共存し、少しも礙《さまた》げなしに両立している日本独特の構成は、西欧人にはどうしても理解できないらしい。

明治維新になって、天皇中心の制度を確立するために神仏分離を法制化して、法律上は仏教と神道は別なものになったけれども、日本人の心の中味は、以前と少しも変わることはなかった。大多数の人々は、カミとホトケとご先祖さまを仰ぎ尊びながら生活している。

先祖の墓参りは寺院に、祭礼には村の鎮守である神社に、正《しょう》・五《ご》・九《く》（一年の内、正月と五月と九月の三回）には成田の不動尊に、四万六千日《しまんろくせんにち》のほおずき市には浅草の観音さまに、あさがお市には入谷《いりや》の鬼子母神《きしぼじん》に、ひたすら参詣する。多様な信仰を自由なこころでそれぞれ生かしている。この広さ、寛容さは、世界に類を見ない日本の美風である。たとい異文化の国々からどういわれようとも日本人は自信をもってこの美風を持ち続けたいものである。

ところが、西欧の人々がキリスト教の立場からこうした日本人の精神生活を見ると、その本質とすぐれた点がどうしても見抜けない。明治時代のベネディクト女史の『菊と刀』以来、現代のライシャワー氏の『日本人（ザ・ジャパニーズ）』に至るまで、日本人には宗教が雑居しているとか、日和見《ひよりみ》的であるとか、いまだ個人が確立していないとか述べ、それらにまどわされた日本の一部の学者やマスコミまでもが、日本には宗教が存在しない、などという驚くべき発言をしているのである。彼らは、春秋の彼岸や、八月の盆の期間に多くの日本人が先祖の墓参りをしている事実を知らないのであろうか。

もっとも、仏教という教えは、釈尊の伝統以来、神話の神を棄て去って中道の立場を堅持するという旗じるしをかかげているから、創造神を仰ぐキリスト教やイスラム教とはまったく異質なものである。そういう意味ではたしかに日本人の心には創造神が見えないのかも知れない。ただ問題なのは、それらの異文化の人々に対して日本人の特色を主張することがあまり目立っていないことである。では、現在まで続いている日本人の精神構造を正当化する理論がないのであろうか。実は、それを明確に示し主張している人物こそ、誰あろう空海その人である。

異なった考えの人々が寄り集まって仲よく生活するにはどうしたらよいのか。これはわれわれが毎日のように直面する課題である。特に宗教が異なった場合にはどうか。信仰や信条というこころの深い部分に対立や抗争の芽がある場合、これは社会的・経済的な問題よりはるかに難しく、もっとも優先的に考えなければならない。

これは国家間の問題に置きかえても同じことで、たとえばキリスト教の国々がリーダーシップをとっている国連では、イスラム諸国は納得しない。世界各地で現在なお宗教戦争が続き、殺し合っている。東西の冷戦が終わってこんどは宗教が見えてきた。いわゆる湾岸戦争で、キリスト教、イスラム教、ユダヤ教がしのぎを削って今日まで、二千年に及ぶ対立を続けているが、いまだに解決が見られないのが現状である。彼らが自分の信じる神を忘れない限りこの対立は続くであろう。しかし、彼ら自身も、もう血と涙を流すのはごめんだ、とも述べているから、いくら神のためとはいっても、あるいは反省の気持ちも強いのであろう。しかし、二千五百年も前に釈尊は宗教の対立を見抜いていた。人間の争いのもとは、実は宗教の違いなのだと。神話の神を棄てて、限りなく高い人格に帰依していこうと主張するのが仏教である。この釈尊の主張を拡大して真言密教という形に大成したのが空海である。

すでに触れたように、空海の十住心思想のうちで、第三住心は「嬰童無畏心《ようどうむいしん》」という、神話の神や、天上の生活にあこがれて生きる生き方である。嬰童とは幼い子ども、無畏とは安心している状態である。つまり神話を信じて心の安らぎを得ている人々は、ちょうど幼児が母親の腕の中で一時の安らぎを得るようなものだ、という。こうした安易な安らぎで満足できない心は、やがて第四の「唯蘊無我心《ゆいうんむが》」に昇り、ここから仏教に入っていく。この第四住心は小乗仏教のいわゆる声聞乗《しょうもん》のことである。唯蘊とは、ただ五蘊《ごうん》（人間の構成は色・受・想・行・識という肉体と精神作用の五つの要素が仮に和合している、という見方で、神話の神から与えられた霊魂は認めない〈無我〉が五蘊だけは実在するという、つまり人空法有《にんくうほうう》の考え方である）だけが存在するという意味で、無我とは神の手によってわれわれに吹き込まれた主体（アートマン〈個人我〉とか霊魂とか精霊など）を否定する意である。つまりこの住心では、われわれの身体は五つの要素が仮に和合してできているのであって、そこには神話の神の分身としての精霊やアートマンなど存在しない、とする立場をとる。

第三から第四への転昇は、神話にあきたりなくなった人が仏教に目ざめる重要なポイントである。そして第四から第十までの中に小乗、大乗、密教が盛り込まれ、すべての教えは第十の「秘密荘厳住心《ひみつしょうごんじゅうしん》」に自然に流れていくことになる。空海が無理にそちらへ持っていくのではない。より深く考えるならば、もっとも納得する形で、ちょうどすべての河川の水が終には大海に流れ込むように、流れ動いていくのである。

空海の確信は、したがって、どの仏、どの神を信じるたぐいのものではない。ただ、あらゆる人間の価値観の底に、なにか共通のもの、共通の地下水脈のようなものが必ずある、という確信である。この考えは空海思想の重要なポイントの一つであり、こうした確信、あるいは見通しをお互いに持とうではないか、と呼びかけることが大切なのである。なにも真言宗に入信しなさい、などというのではない。入信などということばは空海の場合にはまったくあてはまらない。さあみんな、先入観を持たずに、自由に、より深くより広く考えて、万人に共通の大きな価値に向かっていこう、と呼びかけるだけである。

空海のこうした思索の深さと広さに多くの共鳴者が続くのである。多くの弟子たちからも尊敬され慕われ、のちには弘法大師と呼ばれて自らが信仰の対象にまでなっていった魅力の根源も、恐らく空海のこの思索の方向づけの特色にあったのだろうと考える。空海思想の他に見られぬ特色は、その大きな価値が法身大日如来という仏陀であり、そこに大いなる生命を感じとり、その大いなる人格との入我我入《にゅうがが にゅう》の一体感こそ究極の安心の境地だととらえることにある。

三　空海の宗教観——人生と宗教と——

近年、こころの時代といわれ宗教の必要性が強調されている。日本全体が戦後の五十年間、どうやら、なんとか食べて生きてきた時代が続き、人々の努力によって経済的にもいくらか落ち着こうとした矢先にバブルが崩壊してしまった。科学の発達のさまざまな副作用も現れてきて、薬害や自然破壊などのいわゆる公害が大衆の身近にあることに気づき、ブレーキをかけなければならなくなった。経済的な満足もあてにはならなくなった。不確実な時代にあって気がつくことは、この現状は、実は外にあるのではなく、自分のこころが不確実になって、不安であることの反映である。

こころを取り扱うのは宗教であり哲学である。けれども哲学者に意見を求めても不確実だというだけで、なかなか見通しがつかないし、宗教の世界からも、よい案はでてこない。特にこの頃の新宗教や新々宗教と呼ばれる教団では、さまざまな社会問題をひき起こしているものが多く、なにかうさんくさいところが見えかくれしている。

なかには殺人事件を起こして社会をふるえあがらせたものもある。では宗教に入るということは恐ろしいことなのだろうか。そのとおりで、宗教には実に恐ろしいおとし穴がありわながある。悪質な教団に入ったら最後、それこそ生命《いのち》がけである。一生を台なしにしてしまう恐れがある。

しかし逆にいうと、「宗教が必要か」などと安易なことをいうのは、平和な日本の一部に住んでいる自称文化人だけであって、いつの時代にも人間は祈りながら生きてきたし、現在も生きている。人類の歴史を学べば、どのような未開の部族であっても、人間は祈りつつ生きてきたから、その意味では宗教を大切にしてきた。ではどのような宗教が正しくて、どのような宗教が邪教であるか、その見分けかたがあるのか、といえば、これがなかなか難しい。つまり正信と妄信との間にはっきりした客観的な一線を画すことはできないといってよい。教団の責任者が書いた文章を読んでも、その教団の実体はわからない。いくら立派なことが書いてあっても、実際の運用者が邪見を持っているとすれば、とてもそこまでは見抜けない。もっとも確実な判断材料は、その主張の出てくる根本的な思想や哲学がどのように組み立てられているかということ、指導者がどのような人生を歩み、どのような行動をとり、教祖自身が、社会との関係をどのようにクリアしてきたか、ということを知ることである。

オウム問題が起こった当初、ある評論家が、いままでのすべての教祖は皆はじめは権力者から迫害を受けてきた、というような無責任な意見を述べていたが、それは大きな誤りである。空海の場合などは、政治と宗教を明確にわけて考えているから、この点は大いに参考になる。あくまで宗教者の立場から自由に、十分に配慮して述べたり行動している。それだからこそ、政治家たちから頼りにされるのである。しかし日本に住む限り、国法のわくの中で行動しなければならない。自由な思索を大切にしていけば、結果的には国法に違反することも起こりうる。特に奈良・平安という身分制度の厳しい時代はなおさらである。

すでに触れたように、空海も、若い頃には、仏道を志《こころざ》して大学を中退したり、二十年の留学期間を足かけ三年に縮めて帰国したりしている。彼は仏道に入り、大忠大孝の道を実現させるために大学を中退し、恩師・恵果和尚の遺命によって早々に帰国したのであって悪いことをしたとは考えていない。しかし結果的には法律違反となり、その故に非難されてもいる。これらの問題は、空海自身の大問題であり、そのたびに大きく悩んだあげくの行動であったし、のちに続く弟子たちにも十分に起こり得ることである。そこで空海は、五十七歳で著した『秘蔵宝鑰』の「十四問答」でこの問題を採り上げ、国法と仏法の関係について論じている。そして為政者に対して、その法を適用する場合、大智と大悲の両面から十分に個々の事情を汲み取って、ある時は厳しく、ある時はゆるやかに適用すべきことを主張している。

空海は、宗教者の行動は国法に優先させるべきだなどとは一言も述べていない。それはまことに短絡的な青くさい主張である。空海は、宗教者の場合は特にこころの問題が重大な意味を持つことから、国法の適用の際には、十分に注意してもらいたい、と述べているのである。彼が批判精神の極めて強い立場をとっていることは、十住心思想の構造を見れば明らかである。常に現状に満足せず、ゆれ動く価値観を尊んでいる。人の心は流動的で、批判と反省と縁によってよりよいと思われる方向に一進一退し、そして最終の大海に注ぎ込む、という見通しと確信を持っている。しかもそれぞれの住心にある人間の生き方を否定してかかるわけでもない。本能のままに生きる第一住心も、反省すべきことはもちろんだけれども現実として存在することを認めている。

さて、わが国の仏教と神道は、キリスト教やイスラム教のように「入信」するとか、宗教を「信じる」とかいう表現にはなじまない。多くの場合、自分は真言宗の寺院の檀家だとか浄土宗の寺院の檀家だとはいうけれども、どの仏さまを信じるというのは少ない。成田のお不動さまとか浅草の観音さまや長野の善光寺にお参りするが、そこがはたして何宗に属しているかは問わないし、迎えるお寺の側でもそんなことは問わない。むしろ地蔵尊とか観音さまの講に参加して親しんでいる人々の方が多いかも知れない。神道の場合も、地域の鎮守さまは、一々調べなくともその地域の住人すべてが氏子《うじこ》だと考えている。

念のためにいうが、祖師や教理の魅力に引かれて、ある宗派を選んでいる人々もたくさんいるに違いない。しかし既成の仏教宗派はお互いに相手を非難することもなく、目立った争いもない。この広さを、西欧の人々が理解できないのは当然かも知れない。こうした人々にマイクを向けたり、アンケートをとった場合、「あなたは宗教を信じていますか」とか、「入信していますか」などと聞かれても、答えようがないではないか。キリスト教やイスラム教のいうような信仰を持っているわけではない。神社の氏子で祭礼に参加したり、四季おりおりに墓参りには行くが、なにも大げさに入信しているというようなものではない。多くの人々は、「特別な信仰は持っていない」と答え、そそっかしい人々はこれを集計して、日本人は無宗教だと速断してしまう。

だがこれは明らかに誤りである。キリスト教やイスラム教でいうような宗教を信じているわけではないが、日本の宗教をしっかり持っているのである。つまり、濃い薄いの差はあるにしても、各人の心にカミとホトケを置いており、各人のご先祖さまが仲立ちしてくれるのである。しかもこれまで、血で血を洗うような宗教戦争は日本には起きていない。まさにこの状態は、すばらしいといえるのではないのか。いまなお毎日のように、世界の四十ヶ所で宗教戦争が行われ、多くの人が生命を失っているという**。宗教の対立を起こさないだけ、世界中でもっとも正当な国民なのではないか、と思う。この精神生活の大きな理由の一つに空海の曼荼羅思想や十住心思想が存在するのであり、この現状を理論的に説明するためには、空海以外では無理なのである。

十六世紀後半のフランスに起きたユグノー戦争、セントバーソロミューの大虐殺、十七世紀前半のドイツに起きた三十年戦争、これらは皆新旧キリスト教の戦いであった。第二次大戦後のドイツの最大の悲劇は東西に分けられたことでなく、むしろ新旧キリスト教の戦いだとさえ語られている。近年ではイギリスの北アイルランドの独立戦争、イスラエルをめぐるユダヤ教とイスラム教の中東戦争、フィリピンのミンダナオ島のイスラム教徒の独立戦争、インドのヒンドゥー教とイスラム教の対立抗争など、実に終わりのない戦いである。これらの現実を救うのは、戦う宗教でもなく異端を切り捨てる宗教でもない。すべてを包み、現実を認めつつ現実を超えることのできる見方でなければならない。

まさに、大乗仏教をふまえた密教思想、特に空海思想の中に、解決の糸口を見出すほかはないと思う。日本の宗教の美風をできるだけ助長し、それにしっかりした理論を与え、世界に対しては、宗教的争いの止揚を、説き続けたいと考えている。

＊＊『宗教世界地図』石川純一著、平成五年、新潮社刊

四　空海と芸術

文章論について

弘仁十年（八一九）頃、高野山に滞在していた空海は、文章論、詩論などに関する名著として名高い『文鏡秘府論《ぶんきょうひふろん》』（六巻）を著した。わが国上代における最高の権威を持つと考えられる文章論である。この書物は空海自ら「要にして玄なり（重要で意味深い）」と述べているが、やや大部すぎて読み通すのが困難なため、翌十一年五月、要略して『文筆眼心抄《ぶんぴつがんしんしょう》』（一巻）を著した。これらの著作をとおして、文章に関する空海の見解をのぞいてみよう。

空海は人間の生活とことば及び文章とは極めて重要な意味で結ばれていると考えている。したがって、空海自身の生涯において、仏道の究明に主力を注ぎながら、格調のある文章を作ることを重要視している。それは、これ以後に著されたと考えられる『声字実相義《しょうじじつそうぎ》』において声《しょう》（ことば）と字（文字及び文章）と実相（話したり書いたりする主体）との間に深い関係のあることを指摘していることでわかる。念のため付言するが、『声字実相義』とは、実相は法身《ほっしん》大日如来の実在を意味し、声はこの世のすべての音は法身の声であり、字は色・声・香・味・触・法の六塵《ろくじん》、すなわち眼に見えるこの世の現象すべては法身が私たちに示した文字・文章であると受けとめる、極めて密教的な視点を述べた作品である。

このように空海は、文章と現実との特殊な関係を認め、文章によって理想が樹立され、理想によって現実が変化していくと考えており、この関係を離れては一切の教えは成り立たないとしている。以下に『文鏡秘府論』の序の部分をあげてみよう。

金剛峰寺《こんごうぶじ》、禅念《ぜんねん》の沙門《しゃもん》（心を静めて修行する僧侶）遍照金剛《へんじょうこんごう》撰（空海著）

それ大仙《だいせん》（仏）の物を利するは名教《めいきょう》を基とす（人々を救済する大もとには必ず立派な教えが存在する）。君子の時を救《すく》うは文章これ本なり（立派な指導者が人民を救済する基本には立派な文章で書かれた理念が存在する）。かかるがゆえに、能《よ》く空中塵《じん》中に本有《ほんぬ》の字を開き（すべての事象に本来具有する大日如来の徳を見る）亀上龍上に自然の文を演《の》ぶ（中国の故事で、堯帝《ぎょうてい》の時に玄亀《げんき》は書を負って出《い》で、舜《しゅん》帝《てい》の時に黄龍《こうりゅう》の図を負って出たという）時変を三曜《さんよう》（日月星、天文）に観《み》、化成を九州《くしゅう》（地理）に察するが如きに至っては、金玉笙黄《きんぎょくしょうこう》（三墳《さんぷん》・五典、中国の古書、三皇五帝《さんおうごてい》に関する書物のこと）その文を爛《てら》して黔首《けんしゅ》（人民のこと。黔は黒、民の首がみな黒いところから。一説に民はみな黒い布で首を包んだところから、と）を撫《な》で郁《いく》たり煥《かん》たり（文物が盛んで光り輝いていること）。その章を燦《あきら》かにしてもって蒼生《そうせい》を馭《か》らん（人民を元気づける、そちらの方向へ向ける）。然《しか》れば則《すなわ》ち一は名始《はじめ》たり、文は則ち教の源《みなもと》なり。名教をもって宗とすれば、則ち文章は紀綱《きこう》の要たり。世間と出世と（儒教など仏教以外の教えにおいても、仏教においても、つまりすべての教えにおいて）誰《た》れかよく此《こ》れ（文章を重んずること）を遺《わす》れんや。

これに続けて経文に「不退転地《ふたいてんじ》の菩薩《ぼさつ》（不退転地の解釈は種々あるが、いまは十地《じゅっち》のうち八地以上の位に達した菩薩と理解しておく。つまり階位の高い菩薩のこと）は必ず文章を解《げ》すべし」とあるのを引用し、また孔子のことばとして「小子《しょうし》なんぞ夫《か》の詩を学ぶこと莫《な》き。詩はもって興《おこ》すべく、もって観《み》るべし」という文を引用して、「文章の義、大《おお》いなるかな、遠きかな」と歎じている。そしてさらに言う。

貧道《ひんどう》（私、空海のこと）幼にして表舅《ひょうきゅう》（母の兄弟つまり母方のおじ、空海の場合、阿刀大足《あとのおおたり》を指す）に就《つ》いて頗《すこぶ》る藻麗《そうれい》（文章）を学びき。長じて西秦《せいしん》（長安）に入りて粗々《ほぼ》余論を聴く（仏教以外の勉強、ここでは文章論）。しかりといえども志《こころざし》、禅黙に篤《あつ》くして（仏道の研究及び修行に励んでいて）此の事（文章の勉強）を屑《こまか》くせず。ここに一多の後生《ごしょう》（後輩）あり、閑寂を文囿《ぶんゆう》に扣《たた》き（囿は苑、文章を学ぶ）詞華を詩圃《しほ》に撞《と》る（圃ははたけ。詩を学ぶ）。音響黙《もだ》し難うして巻を函杖《かんじょう》（師の席）に披《ひら》く（書物を著作して手本とする）。云々

すなわち文章を学びたいというものたちの希望に応えて諸家の格式（名文家たちの約束事）などを検討し、重複しているところを削り、要枢を撮《と》ってこの論を造る、という旨を述べている。

文章に遠大な意義を認めている空海が、かつて弘仁四年（八一三）、文字によって密教を理解しようとして『理趣釈経』を借りたいと申し出た最澄に対して、自己を虚《むな》しくして信修する必要のあることを強調して、次のような文を示している。

秘蔵（密教）の奥旨《おうし》は文を得るを貴《とうと》しとせず。ただ心をもって心に伝うるに在り。文はこれ糟粕《そうはく》（ぬかとかす）のみ、文はこれ瓦礫《がれき》のみ。糟粕、瓦礫を受くればす

なわち粋実至実《すいじつしいじつ》（純粋な実質）を失う。実を棄てて偽を拾うは愚人の法なり。愚人の法には汝随うべからず、また求むべからず。

すなわち密教の奥義の伝授を依頼せず、経典だけを借りたいという態度は正しくない、と主張しているのである。文章を糟粕、瓦礫とまで表現するのは、前の文と一見矛盾するように見えるけれども、その趣旨はまったく同じであって、心がこもっていなければ文章などはまったく何もならないものであることを述べる。

こうした見方は文章だけに限ったことではなく、たとえば教え（法）を考える場合でも、正しい教えとは、教理が一人歩きをしているのではないと断言する。少なくとも仏法は、ある高い人格の内証（心の内容）の顕われであるべきで、人《にん》と法とは一致していなければならないという。人法不二《にんぽう》とは空海の基本的な視点である。

すでに著作の節で触れたが、『般若心経』を大般若菩薩《だいはんにゃぼさつ》の大心真言三摩地法門なり、と解し、般若菩薩という人格の心の内を説いたのが『般若心経』なり、という独特の解釈をしているのも人法不二の応用である。空海はこれをさらに展開させて、密教の経典があるのだから、必ずそれを説いた仏陀が存在するといって、法身大日如来の実在を強調することになる。これらは皆一様に、文章の意味の大なることを理解して、若いうちから文章力を養ってきた空海ならではと思われる。

書道について

弘仁七年（八一六）といえば、ちょうど高野山を仏道修行の道場として賜わらんことを朝廷に願い出て許可された年のこと。嵯峨天皇から呉綾錦《くれあやにしき》の縁《へり》の五尺の屏風《びょうぶ》四帖が届き、それに古今の詩人の秀句を書くように、とあった。空海は早速これを書きおえて、その屏風に添えて自作の十韻の詩を加えて上表文を奉進した。天皇は大いに喜び、御製《ぎょせい》をくだしている。この時の空海の上表文は、主として書道について述べたものであるから、いまここでその一部を紹介してみよう。空海はこの中で、初めに、自分は仏道に専念している身であり、書道はあくまでも余技であるから天皇のご依頼も遠慮申し上げたいが、それもかなわず書いたものであることを述べ、続けていう。

古人の筆論にいわく（蔡邕《さいゆう》の筆論）書は散なり。但《ただ》に結裹《けっか》（字画がきちんとしている）をもって能《よし》とするのみにあらず、必ずすべからく心を境物《けいぶつ》に遊ばしめ、懐《かい》抱《ほう》（心持、おもい）を散逸《さんいつ》せしめ、法を四時に取り、形を万類に象《かたど》るべし。――

(中略、これ以下に書体をいくつも並べあげて)——かくの如きの六十余体は並びにみな、人の心の、物に感じて作れるなり。

ある人のいわく、筆論筆経はたとえば詩家の格律の如し。詩はこれ声を調《ととの》え病《やまい》を避くるの制あり(体調を整えていなければ立派な詩はできない)。書もまた病を除き理に会するの道あり(書道も病気をなおし、体調を整えることと深い関係がある)。詩人にして声と病とを解らずんば、誰れか詩什《しじゅう》を編《あ》まん(詩十篇で一什。一流の詩人の仲間入りができようか)。書者にして病と理とを明らめずんば、何ぞ書評に預らん(一流だという評判が得られようか)。

又詩を作る者は、古体を学ぶをもって妙となし、古詩を移すをもって能《よし》となさず。書もまた古意に擬する(心をおもんぱかる)をもって善となし、古跡に似るをもって巧となさず。ゆえに古《いにしえ》より能書は百家、体別なり(立派な書家は皆それぞれ字体が違う)。

——中　略——

空海、儻《たまたま》、書を解《げ》する先生に遇《あ》いて粗々口訣《ほぼくけつ》を聞けり(ひととおりの事は教えを受けた)。しかりといえども志《こころざ》すところは道別にして曾て心に留めず。いま聖雷の震響《しんきょう》に頼《よ》って心地の繋字《けいじ》を抜く云々(陛下からのご下命《かめい》を受けて久しぶりに書道を思い起こしました)。

とあり、最後に、

山に対して管《ふで》を握るに、物に触れて興《きょう》あり。(山寺で書をしたためているうちに興味がわいてきて)自然の応、覚えずして吟詠《ぎんえい》す(思わず知らず詩を作ってしまいました)。すなわち十韻を抽《ぬき》んでてあえて後《しりえ》に書す云々。

として次の詩を記している。

蒼嶺白雲観念人　蒼嶺白雲、観念の人
等閑絶却草行真　等閑《なおざり》に絶却す草行真(草書、行書、楷書)
心遊仏会不遊筆　心は仏会《ぶって》に遊んで筆に遊ばず
不顧揚波爾許春　揚波《ようは》(書体のこと)顧《かえり》みずして爾許《いくばく》の春ぞ
(十二句略)
松巌数霧菴中湿　松巌 数《しばしば》霧ふって菴《いおり》の中湿《うるお》う

恐汗望晴経月旬　汗《けが》さんことを恐れて晴るるを望むに月旬を経《へ》たり
画虎画龍都不似　虎を画き龍を画いて都《すべ》て似ず
心寒心暑幾逡巡　心寒く心暑くして幾たびか逡巡す

この詩の初めの四句で、私は蒼嶺白雲の修行にはげむ身であって、書道のことを顧みないでもう何年たったことでありましょうと述懐し、最後の四句では、霧深い山中で晴れる日を待ちながら遅れていることを述べ、このたびの書は、自分の思うように書けなかったので進献するのをためらっている、という意味である。これに対する御製《ぎょせい》の初めと終わりとを記しておく。

深山居住振奇名　深山に居住して奇名を振う
氷玉顔容心転清　氷玉の顔容、心転《うた》た清し
世上草書言為聖　世上に草書を言って聖となす
天縦不謝張伯英　天縦（ほしいままにして）謝せず張白英（書家の名、伯英の生まれかわりのようだ）
（十二句略）

絶妙芸能不可測　絶妙の芸能、測《はか》るべからず
二王没後此僧生　二王（王羲之《おうぎし》と王献之《おうけんし》の二人）没してのち、この僧、生ず
既知風骨無人擬　すでに知る風骨、人の擬するなきことを（比類ない）
収置秘府最開情　秘府に収め置いて最も情を開かん

初めの四句は、深山にいてもなおかくれることのない空海の徳をたたえ、草書が特にすぐれていることを認めている。のちの四句では測り知れない空海の芸能をたたえて、他の追随を許さぬ空海の風骨に心が楽しんだことを述べる。これらの詩のやりとりを見ると、嵯峨天皇と空海の親密な友情がうかがえ、当時から空海の書がいかに高い評価を得ていたかがわかる。

弘仁九年（八一八）の師走に入って、紀伊国司と思われる藤太守に宛てて空海は手紙を送っているが、その内容も、書を求められているが高野山の整備に忙しく、また特に近頃は密教の研究に時間を費やしているので、書道をたしなむ時間がないことを伝えている。その手紙にいう。

臨池（後漢の張芝に池に臨みて書を学ぶ、池水悉《ことごと》く黒し。習字の意）は古今の綱

紀、曠代（その時代にまれな）の鑰鍵《やくけん》（かぎ）なり。先儒（昔の儒者）は研《すずり》を洗って擺撥《はいはっ》（ひらくこと。書道をひらく）し、往帝（代々の皇帝）は思《おもい》を潭《ふこ》うして画図《かくず》す（書道をした）。余（空海）少年の時に数々《しばしば》古人の道跡に臨むも、後に秘教に入って管《ふで》を握るに暇《いとま》なし。公史（藤太守）切に途を望めり（書を望む）。筆を遺《す》つれども書くことを免《まぬが》れず。この急就草篇（漢の史游の撰、物の名や人の姓名を説明したもの）こいねがわくはこれを披《ひら》きて目を瑩《みが》き心を瑩《みが》かんことを。

——以下略——

本節は空海の書論や文章論について述べるために、あえて書簡や漢詩を口語訳せずに、書き下し文で紹介したが、これはせめて空海の文章の格調の高さ、ことばの用いかたの巧みさの一端に触れて貰いたいという筆者の願いからである。

なお空海が入唐した当時（八〇四～八〇六）の中国における書道界の状況について、筆者の恩師、故中村素堂先生（大正大学名誉教授、貞香会創設者）は、遺著『書道随《ずい》攷《こう》』の中で次のように述べる。

この頃、張旭《ちょうきょく》は没してやや遠く、顔真卿《がんしんけい》も死没して二十年、懐素《かいそ》もほぼ同じくらい。柳公権はまだ書壇の第一線に出てこない二十七歳ぐらいの青年であった。人間として一徹すぎた顔真卿が去って、ただただその忠誠の盛名のいよいよあがり、そしてその書も真蹟が多く、建碑も歴々として存在し、多少一部の、――顔に至って書法の正脈は湮滅《せんめつ》した――と嘆じた者もあったにせよ、一世を覆う忠名と書の讃美に溢れていたであろう。無縁でもないが官界には縁が薄く拘束の少なかった自由人、張旭・僧懐素、二人の自由謳歌にちかい草書作品は、頑固な顔真卿などにさえ絶讃を博する好評で、当時の書壇は新鮮な活気がみなぎっていた。加うるに約一世紀以前の則天武后時の、西域の梵文系文字の筆意を応用したかと考えられる飛白体《ひはくたい》などの題字を持つ昇仙太子碑も珍奇を誇って、あるいはこの様な真跡も寺・観（寺院や、道観・筆者注）などに見うけられたのであろう。――中略――この書道界だけでも、留学生《るがくしょう》（空海のこと・筆者注）の眼にはいかに絢爛たるものに映じたであろうか。あの大師が英邁稀有《えいまいけう》な素質、そして求道求学に燃えるような而立の青年僧としてこれをいかに看取したであろうか。天質、書を愛好してやまなかった生涯にかんがみても、宗乗等の研究以外の精力はほとんど筆翰《ひっかん》のことに傾けられていたといっても過言ではあるまい。

中村先生はさらに空海の筆跡の一々までを詳細に検討し、空海が唐代の正統派と見られる王羲之の流れを汲んだ孫過庭《そんかてい》（六四三―七〇三）の書論『書譜』の臨書（その作品を手本として書いたもの）を正確にやっており、書風の把握に周到な注意を払っていること、そしてこのことはのちのわが国の書道に大きな影響を与えていること、さらにこうしたもっとも大切な基本をしっかり踏んでいる態度は、仏教の研究についてもまったく同じものがあるに違いない、と推測している。さらに空海の場合、正統な書法以外にも、当時はまだ早すぎるような飛白体を、『真言七祖像』の「賛」にすでに応用し、換骨奪胎《かんこつだったい》して空海独自の書法を生んでいること、弘仁三年（八一二）の高雄山寺での灌頂の受者名を記したいわゆる「灌頂歴名」も、一ヶ月違いで同年、同所で催されているのに、胎蔵界の歴名は顔真卿風の筆法で、金剛界の歴名は王羲之系の筆法という具合にさまざまな筆法を用いていること、また「益田池碑銘」や「崔子《さいし》玉座右銘《ぎょくざうめい》」などには張旭の「自言帖」、懐素の「自叙帖」などをなにげなくたくみに応用していること、そしてこれら空海の応用は、単に形を似せるためではなく、まさに書道の根底にあるものを求めていることなど、あざやかに指摘している。

空海は生涯を通じて、身分制度の制約のもとにありながら、なにものにも引きずられることなく、あらゆるものの原点を追求してやまなかった。中村先生が指摘し推測されるように、空海の構築した十住心思想の究極の価値はその原点であったし、それが書道の上でもまったく同様であることを知って、なるほど、とうなずけるのである。

最後に再び中村先生の文章を引用して本節の結びとしよう。

中国書道史上一大転換期、即ち確立された官界または知識人だけの伝統書風を叙情性・観賞性というような立場から、法に入りて法を出《い》で自由人の立場から自由の表現をする、一面に古代復帰の運動が盛んにならんとして却《かえ》ってそれが反対に古典を踏まえて新しい飛躍となり、十一・二世紀を経過した今日の、いわゆる現代性の母胎とさえなっている中唐の一時期に、奇《く》しくもこの不世出の高僧がその活動の現地に立って、その種々相の根底のものを見極めて、これを日本に将来したことは、ただに日本文化にかかげた光彩の豊かさというばかりでなく例えば狸《り》毛筆《もうひつ》のごときものが広まっていたことを知るに及んで、中唐時の書線を理解しその呼吸感を判断し得るなど、又は中国の古い刻石文字では判断に限りのある、筆の使転の多様性を考察する示唆《しさ》に富んでいるなど、益するところは甚大なのである。しかしその最も大なるものは、書は記録性以外に芸術としての立場を持つことを日本版として宗教の基盤の上に展開し、はじめて書の芸術面を強調実践して、日本人が日本人としての自由な書をかく、大きな進路を示唆したのが大師（弘法大師空海）であるということである。

わが国の書道界を代表する一人であった中村素堂先生の空海への思慕のことばに、これ以上一言も加える必要を感じない。むしろ筆者は、ここで空海とは時代も生きかたもまったく異なる禅僧良寛の、書に寄せての一詩を想起するのである。良寛も空海と同様に懐素など中国の古典の筆法を学びつつ、独自のものにして世に残してくれており、その生涯を通じての言行は、いまなお多くの人々から慕われている。

我与筆硯有何縁　我と筆硯《ひっけん》と何の縁かある
一回書了又一回　一回書き了《おわ》りて又一回
不知此事問阿誰　知らず此の事　阿誰《たれ》にか問わん
大雄調御天人師　大雄調御《たいゆうじょうご》天人師

自分は頼まれて書を書くだけのことで、本来書家とか文人などと何の関係もない。求められて書き、求められて書く。こうした因縁は誰にもわからない、ただ仏さまだけが知るのみである、という。良寛を研究する中野孝次氏は「良寛の書」(『春秋』三七一号)でいう。

良寛にとって詩も歌も折にふれての己が心の動きを表現するためのもの。書もまた然り。彼には揮毫《きごう》を求められて書を書くというような意識はまったくなかったにちがいない。気が向けば書き、向かねば書かなかっただけである。彼がその気分次第で勝手放題なことを書いたというエピソードがいくらもあるのを見ても、彼が心の動くままにふるまったことがわかるのだ。ときには「一二三」と書き、ときには「いろは」と書く。それがその時の心の動きを伝えるものなら、良寛には何を書こうと問題はなかったのである。だからこそ良寛の書は尊いといえる。

この書評は、同時に空海の書を彷彿《ほうふつ》とさせるものがあろう。

五　空海の生死観――死をいかに見つめ、どう対処するか――

はじめに

生前社会に貢献した人や、著名な人の訃報《ふほう》が毎日のように報道され、われわれはそのたびに、ああ、あの人も亡《な》くなったか、と嘆息し自分がすこしでも尊敬している人物の場合にはその場でささやかであるが冥福を祈る。近年はガンの告知が多くなったためか、ご本人が残された時間を知りながら数年間を過す場合がしばしばで、その残された時間を病と闘いながら立派に生き切った様子なども報道される。一九九八年三月にオーケストラの指揮者、石丸寛氏がなくなった。告知され闘病の四年間、指揮棒を離さず努力し、しまいには椅子にすわりながら指揮をしたという。まさに壮絶な最期であった。しかし音楽家としての使命をまっとうしたその人生は、門外漢の私にも強い感銘を与えた。人間は必ず一度は死ぬが、どのように死をみつめ、どのように対処していくのか。このもっとも一般的な問いに対して、多くの場合あまり考えられていないといってよい。ある臨床医の話によれば、人間の臨終の様子、つまり人の死に方は、その人の人生の生き方とほとんど同じだという。つまり、ふだんわがままな人は、わがままに死に、律義《りちぎ》な人は律義に死んでいくそうである。誰もが直面する死の問題を、生きている間に十分に考えている人物もある。

本節ではその一人として空海の生死観《しょうじかん》を考えてみたい。空海の考え方の特色を知るには、誰かもう一人筆者の心に刻まれた人物を対比して考えてみたいと思う。特に仏教にかかわりのない人のほうがよい。

そこで、筆者が青年時代に教えを受け、しかもその生涯について深い感銘を受けた宗教学者・岸本英夫先生（東京大学教授）の晩年の活躍ぶりと生き方を参考にしたいと思う。つまり、既成の宗教を持たなかった、しかも自己の人生を立派に生き切った人の代表である。次に空海の青年時代の、いまだ密教に出会う以前の、いわゆる大乗仏教に興味をいだいていた時の生死観を、『三教指帰』の中から読み取ることにする。そして最後に空海の思想の帰着点になる作品『秘蔵宝鑰』から、真言密教の大成者としての心のあり方をうかがってみたいと思う。

この三通りの生死観は、いずれもそれぞれ趣が異なっているけれども、それぞれ筆者が感銘を受けた人生観、生死観であり、中でも特に既成の宗教に飛び込まず人生をまっとうされた岸本博士の生き方の中に、意外なことに空海のめざしたものが見えかくれするように感じることが不思議だと思うのである。十住心思想でいえば宗教を、少なくとも仏教に入っていなかった（もちろん親しんでいたことは明らかなのだが）岸本博士は、世間三箇の住心の分際であって、第一から第三までのいずれかに当たることになる。しかし、岸本博士の晩年の思いをかいま見る筆者としては、単にそれだけで正しいのか、強い疑問が残るのである。現代の科学者たちをはじめ、いわゆる知識人の例を見ると岸本博士のような生死観を持っている人は多いと思う。その人々は一体十住心のどこに入れればよいのであろうか。この問題は、あえてここで取りあげるだけにとどめて、今後の課題とするが、空海の思想が現代に生きるためにはどうしても解決しておかねばならないと思う。

『死を見つめる心』

岸本英夫博士は近世のわが国の宗教学を興した姉崎正治博士の女婿《じょせい》（娘むこ）で、東京大学の宗教学の助教授時代、米国留学中に咽喉に異常を感じ医師にガンを告知された。五十歳の時であったという。それから博士の生活は闘病しつつ研究を続けるという具合で、その間の苦悩、決断、迷い、家族への愛情、人生観の組立てなど、研究のかたわら講演や文章で多くを発表している。その間約十年であった。生前の講演なども話題になったが、没後にそれらをまとめて出版された『死を見つめる心』と題する遺作は、当時（昭和三十九年、講談社刊）、ベストセラーとなった。いまその中から博士の生死観をうかがってみよう。博士はいう。

現代人は生死の問題を、あの世の問題としてではなく、この現実の人生の中に解決を求めなければならぬ。――それはよく生きるということである。その目的にむかって自分の一切を捧げつくす。実現いかんは問題でなく、その理想を追求していく一筋の生活そのものが、よく生きるということだ。自分を捨て切ったところでその自分が本当によく生かされている、これは死も侵し得ないもので、最も力強い自分の心の支えになる。

現代の知識層に属する人間の大半は、宗教に対して半信半疑の目を向けている。それが実状である。それは現代人が人間の問題を持っていないからではなく（岸本先生は宗教を人間の問題を解決するための文化現象と定義しておられた）、その解決と宗教とが結びつかなくなっているからだ。――にもかかわらず宗教を捨て

切れないのはなぜか。問題が残っているからである。ほのかな期待を宗教に残しているのである。(一七五—一八八頁の取意)

またこうもいう。

私にとっては私の個人の生命力というものは、私の死後は、大きな宇宙の生命力の中にとけ込んでゆくと考えるぐらいがせい一ぱいであります。それはいいかえれば私という個人は死とともになくなるということであります。たよりになるのはこの現実の世界における生命だけなのであります。(四五頁)

岸本博士は、死はあてどのない船出であると悟ったという。その境地になるために七年を要したともいう。宗教学者として宗教学を研究しその生涯を貫いた博士は、最後まで特定の宗教に飛び込まず、特定の宗教に救いを求めなかった。しかし真理を探求し、学問し続けることに人生の価値を見出していた。青年時代の筆者は強い共感を覚え、深い感銘を受けた。そして現在もなおその気持ちに変わりはない。ただ博士の宗教の定義に「文化現象」という語がしばしば見られるところから、生涯を通じて宗教を客観的に観察し思索し続けたことがわかり、しかも、宗教についてはきわめて深い理解があり、特に禅宗や真言宗に興味を持っていたことも確かである。信仰は持たなかったが、知性に対する信仰にも似た気持ちを強く持ち続けていた。そのためには自分を捨て切ることさえいとわない。これは一種の信仰生活ではないのか。かなり厳しい人生観であって、誰でも簡単に真似はできないけれども、現代人には共感する人が多いと思われる。

『三教指帰』の「生死海の賦」

空海が二十四歳で著した処女作『三教指帰』には、空海がめざした大乗仏教の生死観が示されている。儒教や道教にそれぞれ価値を認めながら、儒教・道教をも含み持ったより広い内容があると考えて、彼は大乗仏教を選び取った。既成の仏教宗派のことは何一つ記さず、基本的な大乗思想を説き、いかにも引きずられない人、空海らしい書きぶりである。すなわち儒教と道教の教えをそれぞれ説いたあとで彼は人生の無常なることを嘆じ、次にこの脱出困難な生死海をいかに渡り切るかについて論じている。すなわち菩提心《ぼだいしん》（仏陀に向って進もうとする心）を発《おこ》して、最高の目標である涅槃（心の真の自由と平和）の境地をめざしていくことを強調し、精進努力していれば仏陀は必ず大慈悲の心をもって人々をいざなってくれるという確信を述べる。

空海は「生死海《しょうじかい》の賦《ふ》」の最後にこういっている。

仏陀による心の自由と平和（涅槃）こそは、あらゆる国の人びとが帰りあつまる心の故郷《ふるさと》であり、一切の生《いのち》あるものが仰ぎあつまっていく究極の光なのです。これこそ優《すぐ》れて尊きもの、これこそ優れて長《めうえ》なるものであって、国家における首都、民族における宗家《そうけ》にも相当する最も枢要《すうよう》なものです。ああ何と蕩々《とうとう》たるものではありませんか、大覚の雄者たる仏陀は。何とけだかくそびえていることでしょう。誰びとがこれに比肩《ひけん》（肩を並べる）し得ましょうか。誰びとがこれを見窮め得ましょうか。（仏教の広さと深さに比べれば）道教で説くあの神仙の小術や、儒教で唱えている俗塵の微風などは、どうして共に談ずるに足りましょうか。どうしてこれを隆《さか》んなりとするに足りましょうか。

ここには仏陀に対する空海の極めて深い敬虔《けいけん》な気持ちがあらわれている。最高の人格である仏陀を高く仰ぎ、その足下にひれふす気持ちこそ、大乗仏教精神のかなめである。この態度は、はたして真理とか知性に生きがいを見つけて没頭していくのと同じであろうか。仏陀への帰依の心こそ、空海の活動の柱となっていることに注目したい。

大乗仏教は総じて永遠の仏陀を高く仰ぎ、その光に照らされて人々は人生を生きる力と勇気を得るのである。ただし人々が各方面に仏陀を見出した結果として、十方に仏が出現し、さながら多神教のように多くの仏陀が並び立つ結果となった。もちろんそれらの核になっているのは、釈尊八十年の生涯なのだが、大乗の人々は、釈尊の生涯の中に永遠なる仏陀を発見したといってよい。そして七世紀になって、これらの多くの仏陀を統合する役目を果たしたのが真言密教であり、空海の思想であった。『三教指帰』著作の頃、まだ密教に親しくなかった空海は、ここで大乗の旗じるしを打ち出している。逆にいえば、大乗精神の何たるかを知るには、『三教指帰』の仮名乞児論を読むのがもっとも早い。どの学者の書物を読むよりも正確で簡潔である。

続けて『三教指帰』の結びの部分になるが、この口語訳は前章に紹介してある。いわゆる「十韻の詩」といわれるところである。参照していただきたい。

『秘蔵宝鑰』の序文

これは空海の思想の帰着点と考えられる著作だが、その序文に生死の問題について述べている。

（先賢たちは苦しみ求めて光を掲《かか》げてくれたが、世の人々はその重要さが解っていない旨を説いて、続けて）三界《このよ》で自分の行く道を知らない人たちは、自分が目標を見失っていることをまるで知らず、まったく気づいていないのです。私たちは次々に生まれ生まれ生まれ生まれつづけていますが、しかも生まれてきた原始《はじめ》については理解できず、次々に死に死に死に死に代《かわ》っていくのですが、しかも死んでいくその終極《おわり》については解っていない。

続けて第一住心から第九住心までの相《すがた》を短く述べてから、最後の第十住心の相について いう。

第一から第九まで進んでいくと、心外に付着していたよごれはすっかりとれて、私たちの内心に備わった曼荼羅の荘厳《しょうごん》が、この時ようやく開くのです。さて密教の世界に入るには、右の目に麼《ま》の字を想い、左の目に吒《た》の字を想い、この二字が太陽と月になったと想いなさい。これによって今まで無明《むみょう》にまとわれていた闇を破り捨て、この新しい太陽と月の光のもとに目を見開くと、ここに自分自身が金剛薩埵であることを自覚するのです。

この世界からながめれば、五部の諸仏はそれぞれの徳を象徴する印契《いんげい》を結んで群がり並んでいるし、四種の曼荼羅は、それぞれの悟りの境界に住して、ぎっしりと並び連なっています。(密教の世界にあっては)不動明王が一目をもってにらめば、煩悩と業《ごう》にまとわれた人生の煩いが消えて安らかになり、降三世《ごうさんぜ》明王が三たび(貪《とん》・瞋《じん》・癡《ち》――むさぼりといかりと無知――これを三毒といい根本の煩悩とみる)叱りつければ、無明に基づくすべての煩いが涸《か》れて静かになります。――中略――この境地は十地《じゅっち》の菩薩(もっとも高い位の菩薩)といえどもうかがい知ることのできないものであり、三自の者(三自一心摩訶衍《まかえん》という境地にある人)でも並び連なることができないのです。この境地は秘密の中の秘密であり、覚《さと》りの中の覚りというべきものです。ああ、自らの内なるこの宝を知らずに(外に求めて)迷い狂い、それで自分では覚ったと思っているのです。愚人でないというなら何と呼べばよいのでしょう。

まさに密教の醍醐味《だいごみ》である。空海のいう密教の世界に気が付きそこへ飛び込んで行きさえすれば、両親からさずかったこの身このままで、しかも煩悩具足のままで、ただちに法身大日如来の蓮台に登ることができる。ただし、繰り返していうが、自身の進んでいる道が確かにもっともすぐれた道なのかどうか、一方で頭を冷して考えることも大切である。一途に富士山に登っているつもりが、霧が晴れてみたら箱根山だったという例はいくらでもある。ましてよこしまな、あやまったリーダーについていくと、恐ろしい宗教のワナにかかってしまって、教祖もろとも地獄谷にまっさかさまに落ちることだって、十分に考えられる。道はたくさんあってよい。しかし、自身の選んだ道が富士山の頂上に確かに続いているという見通しぐらいつける努力をしてほしい。正しい宗教は、同時に高い常識をふまえ、文化の香りをともなう花園でなければならないのである。

ここにあげた三つの生死観を比較するととても興味深い。第一の岸本博士の考えは、宗教学者として各宗教の内容を詳しく研究しながら、ついにどの宗教にも飛び込むことなく宗教以外に人生の価値を見出すことにつとめて、特に病を宣告されてからは、真剣に人生と取り組み、学問の追求こそ自己の最大の価値であることを見出している。第二の例とした弘法大師二十四歳の『三教指帰』の大乗仏教による人生観は、人倫や道徳律を重んじる儒教にあきたらず、神仙の道を説く道教にも満足しない空海が、大乗仏教の教えのもとに永遠の仏陀を光とし、高く仰いで、生死の苦海を乗り切る立場である。そして第三の、空海五十七歳の著作である『秘蔵宝鑰』に示された真言密教の救いである。

この三つの価値観はいずれも真実に違いないし、それぞれ支持されるであろう。岸本博士は第一の立場に到達するまでに、闘病生活をしながら実に七年を費やしたという。つまり病名を知ってから十年の生涯であった博士は、晩年に当たるほとんどすべてをかけてこの安らぎに至ったことになる。まさに努力の生涯であった。空海が第二の価値観に至ったのは、出家が二十歳前後とすれば、二十四歳までの三〜四年を要しているし、さらに出家以前から仏道の研究を続けていたとすれば、これもやはり七〜八年の青年時代を費やしていたことになる。

そして第三の真言密教に至るのは、中国留学中の恵果からの授法にはじまって（三十二歳）、四十歳頃までの時間をかけていると考えられる。『秘蔵宝鑰』は空海五十七歳の著作であるが、すでにその八年前に著した『平城天皇灌頂文』には十住心のすべ

『中寿感興の詩並びに序』の名称が示されているし、四十歳を迎える感慨を述べた『中寿感興の詩並びに序』を見ると、すでに密教の安心が完成していると思われるからである。岸本博士にしても空海にしても、ひとなみはずれた努力を費やしたそれぞれの境地なのである。

したがって筆者は、この三つの境地に甲乙をつけるつもりはない。けれども、第三の価値観にもし到達できるとするならば、これがもっとも心がなごむような気もするのである。

すでに述べたように、三十年前、筆者が学生の頃、闘病中の岸本博士の授業や講演に触れて、できるなら岸本先生のような人生を歩みたいと強くあこがれた。しかし、そのためにはかなり強力な意志力が必要であるとも感じていた。しかし若気のいたりゆえか、岸本先生を私淑していたのである。やがて仏教学を学びはじめ、特に空海の思想を専門にしはじめてからは、『三教指帰』に登場する仮名乞児の主張に強く引かれるようになっていった。空海が示した大乗仏教のとらわれのない広い視野は、筆者に大乗仏教のすばらしさを伝えるに十分であった。これまでの怠堕な人生と、資質のなさを反省しながら、いまあこがれるのは、真言密教の世界にひたることである。とはいえ、決してかつて自分があこがれていた第一と第二の人生観を棄て去ったわけではない。いまでもなお、岸本博士に強くあこがれ尊敬し慕っているし、空海の青年時代の目標であった大乗仏教思想にあい変わらずの親しみと誇りを持っている。筆者は真言宗の僧侶であると同時に、その真言密教は、弘法大師空海の手によって大乗仏教から密教へという筋道をつけられたのである。一口に密教といっても、空海の大成した真言密教は、インド密教とも異なるし、中国密教とも異なる、ましてやチベット密教とも大きく異なる八祖相承《はっそそうじょう》の密教であり、弘法大師空海によって認知された密教なのである。

読者各位もそれぞれ自己の人生観を持って生活しておられるであろうが、できるだけ自由な立場から、率直に追求していくべきだと思う。そして到達したそれぞれの人生観と価値観こそ、ご本人にとって至極のものであるが、さらにその価値観は、人生の中で、二転三転するはずである。心の流動性を歓迎してやまない空海の思想からみれば、それはむしろ当然である。人生は試行錯誤の連続であり、その都度修正しつつ変化していくべきものである。宗教については特にそれが必要で、世間にはいったん入信したら脱会を認めないという恐ろしいものが多い。そういう宗教を見ると、まさに低俗な教祖と同一のレベルに信者の心をかためてしまうような危険をはらんでいて、見るにしのびないほどである。正しい宗教を模索すると同時に、邪教のおとし穴には絶対に入らないよう心がけていただきたいと思う。

むすびにかえて

わが国の生んだ最大の思想家、宗教家、そして芸術や文化の発展に大きく貢献した、引きずられない人、空海の生涯と事蹟を一とおり書きおえることができた。これもひとえに空海自身の著作が現在まで関係深い寺院に大切に書写され、あるいは真筆が丁寧に保管されてきた賜物である。

千二百年もの長い間、各種の書き物が残されている人物は、空海を措《お》いて世界にも例がない。まさに空海自身が『文鏡秘府論』の序文で述べているとおり、文章の意味は「大なるかな、遠きかな」である。それらの資料から知られる空海の思索は、常になにものにも引きずられることなしに、堂々と人間のこころの原点に迫っている。ここに、時代を超えた空海の真価がある。

共通の光を見失いがちな現代人が、空海の、時代を超えた普遍妥当性に気がついて、これを手がかりに努力していくことが、まことに大切だと考える。

◇

本書の序文でめざしていたように、高校生にもわかる内容にはたして書けたかどうか疑問である。特に真言宗の教理についての部分は日頃から親しんでいない場合には、なかなかとり付きにくいかも知れない。よりくわしく勉強したい方々には、多くの参考書があるので、そちらもあわせて読んでいただきたい。本書はあくまで、空海の世界に入るための入門書のつもりである。

最後に出版にあたって終始お世話をいただいた大蔵出版編集長、桑室一之氏に心から感謝して筆を置く。

平成十年十月三十一日　先師純隆大僧正の十七回忌の日に

東京、練馬の南蔵院にて

加藤　精一

文庫版あとがき

かつて大蔵出版より刊行したものに少し手を加えて、このほど文庫本の形で本書ができ上がった。

すでに序文で触れた通り、わが国の奈良・平安という上代に空海が出現し、広い視野と深い洞察をもって人生の真実を探究し、その成果によって当時の人々に大きな影響を与えたことは特筆すべき事実であるが、その成果が千二百年以上を経た現在にまで強い示唆を与え続けているとするならば、空海の遺した思索と行動は、わが国の文化財の一つとして評価されるものと考えられる。そして空海が、何を考え何を求めていったのかを、多くの人々にわかりやすい形で知ってもらうことが、空海を研究するものの使命ではないかと思っている。

このたび大蔵出版と角川学芸出版のご協力によって本書が刊行のはこびとなったことは、わが国の文化の向上をひたすら願っていた空海にとっても、大きな喜びであると考えている。

最後に、このたびの改版の作業を快く担当して下さった角川学芸出版ソフィア文庫編集長大林哲也氏および同編集部の唐沢満弥子氏に心からの謝意を表して筆を置く。

平成二十四年涅槃会の夜に

加藤精一

空海略年譜

〔西暦〕	〔和暦〕	〔年齢〕	〔事蹟〕
七七四	宝亀　五	1	讃岐国多度郡、今の善通寺付近の佐伯家に誕生。
七八一	天応　元	8	四月、桓武天皇即位。
七八四	延暦　三	11	十一月、長岡京に遷都。
七八八	七	15	上洛、母方の叔父阿刀大足につき漢籍を学ぶ。
七九一	一〇	18	大学の明経科に入学。 この頃、一沙門から求聞持法を学び、阿波大滝嶽や土佐室戸岬で修行。
七九四	一三	21	平安京に遷都。
七九五	一四	22	この頃、具足戒を受ける。（『御遺告』）
七九七	一六	24	十二月一日、『聾瞽指帰』一巻を著作、後に『三教指帰』（三巻）に改める。 この間『大日経』を研究。
八〇四	二三	31	四月七日、得度。（『高野大師御広伝』）

八〇五 二四 32
七月六日、肥前松浦郡田の浦を出発。

八月十日、福州赤岸鎮に到着。

十一月三日、福州を出発。

十二月二十一日、長安城長楽駅に到着。

二月十日、西明寺に配住される。

以後約四ヶ月、長安城内で梵語などを学ぶ。

六月十三日、恵果から胎蔵界の灌頂を受ける。

七月上旬、同じく金剛界の灌頂を受ける。

八月上旬、同じく伝法灌頂を受ける。以後、金剛頂瑜伽の五部真言密契を受け、梵字梵讃などを学び、曼荼羅・法具・付嘱物を受ける。また、般若三蔵・牟尼室利三蔵などに受学し、般若三蔵から新訳『華厳経』四十巻及び梵夾三口などを付嘱される。

十二月十五日、恵果和尚入滅。

八〇六 大同 元 33
正月十七日、恵果和尚埋葬。空海「恵果和尚の碑文」を撰書。

八〇七　二　34　八月、明州を出発、帰国の途につく。
十月頃までに帰国。同月二十二日、『御請来目録』を奏上。
この年、太宰府観世音寺に滞在。

八〇九　四　36　四月十三日、嵯峨天皇即位。
七月十六日、和泉国より入京、高雄山寺に入住。
八月二十四日、最澄、密教経典十二部の借覧を請う。

八一一　弘仁　二　38　二月十四日、最澄、空海に受法を請う。
十月二十七日、山城国乙訓寺に入住、伽藍を修理。

八一二　三　39　六月七日、狸毛筆を献上。
十月二十七日、最澄、乙訓寺を訪れ、密教の受法を請う。
十一月十五日、高雄山寺で最澄ほか三名、金剛界結縁灌頂を受ける。
十二月十四日、高雄山寺で最澄など僧俗一四五名、胎蔵界結縁灌頂を受ける。

八一三　四　40　十一月二十三日、最澄の『理趣釈経』の申し出を拒絶。

八一六　七　43　五月一日、泰範あて最澄の書に対して返書を代筆。

八一八　九　45　六月十九日、高野山の下賜を請い、七月八日勅許を受ける。
直ちに泰範・実慧などを派遣。
八一九　一〇　46　十一月、高野山に登嶺。
夏、高野山の結界を行なう。
この頃『文鏡秘府論』六巻を著す。
八二〇　一一　47　五月、『文筆眼心抄』一巻を著す。
八二一　一二　48　五月二十七日、讃岐国万濃池修築工事の別当に任じられ、
三ヶ月で完成。
八二二　一三　49　二月十一日、勅により東大寺真言院を建立。
六月四日、最澄入滅。
この年、平城上皇入檀灌頂を受ける。
八二三　一四　50　一月十九日、嵯峨天皇より東寺（教王護国寺）を賜わる。
四月一日、淳和天皇即位。
八二四　天長元　51　三月十七日、少僧都に任ぜられる。
四月六日、「少僧都を辞するの表」を上表するも許されず。
八二五　二　52　四月二十日、東寺講堂の図様を定める。この頃講堂を建立。

この年、「大和州益田池碑銘」を撰する。

八二六　三　53　十一月十九日、東寺五重塔の建立始まる。

八二七　四　54　五月二十八日、大僧都に任ぜられる。

八二八　五　55　十二月十五日、「綜藝種智院式幷に序」を撰述、わが国最初の庶民のための学校を創設。

八二九　六　56　和気真綱、高雄山寺を空海に付嘱。

八三〇　七　57　勅を受け『秘密曼荼羅十住心論』十巻及び『秘蔵宝鑰』三巻を上進。

八三一　八　58　六月十四日、「大僧都を辞するの表」を上表するも許されず。

十月二十四日、円澄以下三十数名の延暦寺僧、空海に密教の受法を請う。

八三二　九　59　八月二十二日、高野山で万燈会を修し、願文を撰する。

八三三　一〇　60　三月六日、仁明天皇即位。

この年、高野山金剛峯寺を真然に付嘱。

八三四　承和元　61　八月二十三日、高野山に大日・法界体性の二塔及び両部曼茶羅建立の勧進文を撰する。
年末、御修法を毎年宮中で修することを上奏、十二月十九日勅許を得る。同じく、東寺の自治を許されんことを上表、十二月二十四日勅許を得る。

八三五　二　62　一月二十三日、高野山に年分度者三名を許される。
二月三十日、高野山金剛峯寺、定額寺となる。
三月二十一日、高野山で入定。

入定後

八三七　四　3　四月六日、円行などの入唐に托して実慧、青龍寺恵果の墓前に入定を報告する書及び供物を贈る。

八三九　六　5　八月、円行など帰朝。恵果使用の五鈷鈴・三鈷杵・独鈷杵などを贈られる。

八五七　天安　元　23　この年、大僧正位を追贈。

八六四　貞観　六　30　三月二十七日、法印大和尚位を追贈。

九二一　延喜二一　87　十月二十七日、弘法大師の諡号を追贈。

空海　入唐略図

▶往路日程

延暦23年(804)	4〜6月頃	難波津を出発
〃	7月6日	肥前田の浦を出発
〃	8月10日	福州赤岸鎮に到着
〃	11月3日	福州を出発
〃	12月21日	長安城長楽駅に到着

▶帰路日程

大同元年(806)	1月下旬か2月上旬	長安を出発
〃	3月中	越州に到着
〃	8月	明州を出発
〃	10月	筑紫に到着

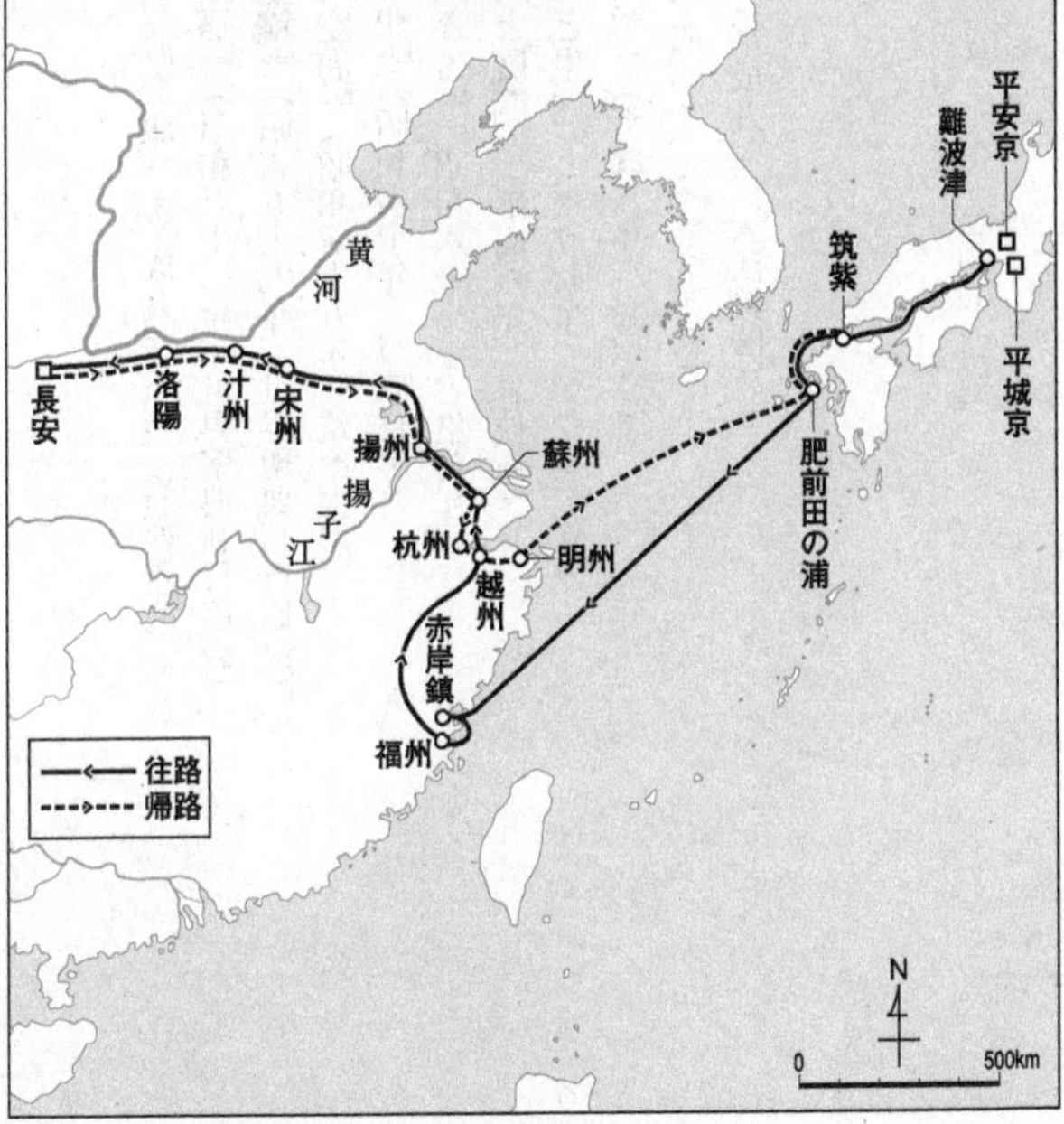

主要参考文献

加藤精神訳註『三教指帰』〈岩波文庫〉(平成九年再刊、岩波書店)
加藤純隆訳著『口語訳三教指帰』(昭和五十二年、世界聖典刊行協会)
加藤純隆訳著『口語訳秘蔵宝鑰』(昭和五十九年、世界聖典刊行協会)
渡辺照宏・宮坂宥勝著『沙門空海』(昭和四十五年、筑摩書房)
宮坂宥勝著『空海　生涯と思想』(昭和六十年、筑摩書房)
松長有慶著『空海　無限を生きる』(昭和六十一年、集英社)
加藤精一著『日本密教の形成と展開』(平成六年、春秋社)
福田亮成著『弘法大師の教えと生涯』(平成七年、ノンブル社)
加藤精一著『弘法大師の人間学』(平成八年、春秋社)
福田亮成著『曼荼羅入門』(平成四年、ノンブル社)
小峰彌彦著『曼荼羅の見方』(平成九年、大法輪閣)

空海入門《くうかいにゅうもん》

加藤精一《かとうせいいち》

平成24年 4月25日　初版発行
令和7年 9月10日　17版発行

発行者●山下直久

発行●株式会社KADOKAWA
〒102-8177　東京都千代田区富士見2-13-3
電話　0570-002-301（ナビダイヤル）

角川文庫 17378

印刷所●株式会社KADOKAWA
製本所●株式会社KADOKAWA

表紙画●和田三造

●お問い合わせ
https://www.kadokawa.co.jp/（「お問い合わせ」へお進みください）
※内容によっては、お答えできない場合があります。
※サポートは日本国内のみとさせていただきます。
※Japanese text only

ISBN978-4-04-408903-0　C0115

角川文庫発刊に際して

角川源義

第二次世界大戦の敗北は、軍事力の敗北であった以上に、私たちの若い文化力の敗退であった。私たちの文化が戦争に対して如何に無力であり、単なるあだ花に過ぎなかったかを、私たちは身を以て体験し痛感した。西洋近代文化の摂取にとって、明治以後八十年の歳月は決して短かすぎたとは言えない。にもかかわらず、近代文化の伝統を確立し、自由な批判と柔軟な良識に富む文化層として自らを形成することに私たちは失敗して来た。そしてこれは、各層への文化の普及滲透を任務とする出版人の責任でもあった。

一九四五年以来、私たちは再び振出しに戻り、第一歩から踏み出すことを余儀なくされた。これは大きな不幸ではあるが、反面、これまでの混沌・未熟・歪曲の中にあった我が国の文化に秩序と確たる基礎を齎らすためには絶好の機会でもある。角川書店は、このような祖国の文化的危機にあたり、微力をも顧みず再建の礎石たるべき抱負と決意とをもって出発したが、ここに創立以来の念願を果すべく角川文庫を発刊する。これまで刊行されたあらゆる全集叢書文庫類の長所と短所とを検討し、古今東西の不朽の典籍を、良心的編集のもとに、廉価に、そして書架にふさわしい美本として、多くのひとびとに提供しようとする。しかし私たちは徒らに百科全書的な知識のジレッタントを作ることを目的とせず、あくまで祖国の文化に秩序と再建への道を示し、この文庫を角川書店の栄ある事業として、今後永久に継続発展せしめ、学芸と教養との殿堂として大成せんことを期したい。多くの読書子の愛情ある忠言と支持とによって、この希望と抱負とを完遂せしめられんことを願う。

一九四九年五月三日